♂ 남자의 샐러드　♀ 여자의 샐러드

His & Her Salad

LiME BOOKS

♂ 남자의 샐러드　♀ 여자의 샐러드
His & Her Salad

contents

006 **INTRODUCTION**
　　남자와 여자의 몸에 맞는
　　맞춤형 슈퍼푸드 샐러드

PART1 남자의 샐러드
Super food salads for men

012 남자에게 특히 좋은 슈퍼푸드 10가지
016 남자라면 절대 놓치지 말아야
　　할 슈퍼 드레싱
020 남자를 더 강하게 만들어 주는
　　견과 TOP 6
022 콜리플라워 딥 샐러드
024 시금치 콜리플라워 샐러드
026 콜리플라워 당근 샐러드
028 방울토마토 샐러드
030 토마토 딸기 샐러드
032 토마토 리코타 치즈 샐러드
034 아보카도 샐러드
036 아보카도 수란 샐러드
038 비빔 채소 샐러드
040 아보카도 고수 샐러드
042 마 샐러드
044 그린빈스 마 샐러드
046 데리야키 장어 샐러드
048 통밀 마늘구이 샐러드
050 새우 토마토 샐러드
052 칠리 대하구이 샐러드
054 새우 아보카도 샐러드
056 연근 새우 샐러드
058 새우 칵테일 샐러드
060 새우 냉 파스타 샐러드
062 해산물 샐러드
064 튀김 꽃게 샐러드
066 석화 플레이트
068 세발나물 굴 샐러드

070 아스파라거스 우렁 샐러드
072 구운 채소 샐러드
073 퀴노아 버섯 샐러드
074 해시브라운 수란 샐러드
076 너트 샐러드
078 그린포크 샐러드
080 치킨 양배추 샐러드
082 데리야키 치킨 샐러드

PART2 여자의 샐러드
Super food salads for women

086 여자에게 특히 좋은 슈퍼푸드 10가지
090 건강미 넘치는 여자를 위한
　　필수 슈퍼 곡물 TOP 6
092 비트 샬롯 샐러드
094 비트 딜 샐러드
096 석류 베리 샐러드
098 믹스 베리 오트밀 샐러드
100 베리베리 샐러드
102 콜라비 샐러드
104 트로피컬 콜라비 샐러드
106 콜라비 감귤 샐러드
108 적양배추 연근 샐러드
110 세발나물 연어 샐러드
112 래디시 연어 샐러드
114 새우연어초밥 샐러드
116 브로콜리 크랩 샐러드
118 크랩 맛살 오이 샐러드
120 호박케이크 샐러드
122 리코타 브런치 샐러드
123 옥수수 허브 샐러드
125 두부튀김 샐러드
126 두부스테이크 샐러드
128 라디치오 렌틸 샐러드
130 콜리플라워 그린 샐러드

132 브로콜리 잡곡 샐러드
134 연근 콩 샐러드
136 그릴 가지 퀴노아 샐러드
138 그린빈스 샐러드
140 통밀 그린빈스 샐러드
142 오이토마토 샐러드
144 달래 누들 샐러드
146 달래 파스타 샐러드
148 단호박 래디시 샐러드
150 피망 샐러드
152 치킨 그린 샐러드
154 피망 치킨 샐러드

PART3 샐러드의 조합
The best salad combinations for men & women

160 슈퍼샐러드를 위한 식재료 조합 황금비율
161 채소와 곡물
161 과일과 열매
162 치즈와 고기
162 토핑
163 허브와 향신료

PART4 드레싱의 조합
The best dressing combinations for super salad

166 샐러드 드레싱의 기본 3가지 조합 방정식
167 오일
167 식초
168 비네그레트 드레싱
172 마요네즈 드레싱
173 크림 드레싱

PART5 남자의 슈퍼푸드
The best ingredients for men

176 남자에게 특히 좋은 슈퍼 샐러드 식재료 이야기
177 콜리플라워
177 아스파라거스
177 양배추
178 마
178 연근
178 아보카도
178 토마토
180 통밀
180 굴
180 새우
180 버섯

PART6 여자의 슈퍼푸드
The best ingredients for women

184 여자에게 특히 좋은 슈퍼 샐러드 식재료 이야기
185 호박
185 석류
185 달걀
185 콩
186 감귤류
186 해초
186 녹색채소
186 사과
188 적양배추
188 케일
188 오이
188 비트
188 가지

190 INDEX

introduction

남자와 여자의 몸에 맞는 맞춤형 슈퍼푸드 샐러드
His & Her super food salad

남자를 위한 샐러드, 여자를 위한 샐러드는 주요 식재료를 비롯해 비율도 조금 다르다. 그것은 신체가 다르고 호르몬의 영향으로 같은 식재료라도 좀 더 유익하게 반응하는 것과 그렇지 못한 것이 있기 마련이기 때문이다. 굴은 남자들의 스태미나 식품으로, 석류는 여자들의 천연 호르몬 식품이라고 보는 시각이다. 물론 어떤 식재료든 신선하게 제철에 먹으면 성별 구분 없이 누구에게라도 최고의 보약이지만 그 영양 성분과 효능들은 성별에 따라 큰 차이를 보이기도 한다. 말하자면 겨울철 가장 싱싱하고 맛있는 굴은 누구에게나 좋은 유익한 대표적 슈퍼푸드이다. 하지만 굴은 남성호르몬인 테스토스테론을 만드는 데 도움이 되는 아미노산과 아연이 풍부해 남자들의 필수 강장 식품으로 꼽힌다. 반면 붉은 빛을 내는 비트나 석류 등은 영양 성분과 효능이 여자들에게 더욱 효과적이라는 결과가 나왔다.

특히 석류는 종자에 천연식물성 에스트로겐이 들어있어 갱년기 장애에 크게 도움이 된다. 여성호르몬의 분비가 줄어들어 갱년기 증상들이 나타나는 중년 여자들에겐 없어서는 안될 필수식품이 되었기 때문이다.

그 밖에도 성별에 따른 라이프스타일의 차이는 몸이 원하는 식품마저 달라질 수 있다. 샐러드 역시 한 접시 만 으로도 든든한 한 끼 식사로 즐길 수 있다. 신선한 제철 식재료들의 음식 궁합과 맛이 조화로운 드레싱을 잘 선택하여 조합하는 것이 중요하다. 드레싱은 당연히 주요 식재료에 따라 달라진다. 그 맛의 조화는 물론 소화나 흡수를 높여 주거나 부족한 영양소를 보완하는 역할을 하기도 해야 한다. 이제부터는 남녀에 따라 자신의 몸에 효능 좋은 식재료들을 자주 섭취하고 다양하게 조합해서 먹을 것을 권한다. 가령 남자들은 주로 숙취나 피로에 지치기 쉬워 몸의 면역력을 높여주는 디톡스 식재료들과 정력을 강화시키는 스태미나 보강 식재료를 찾기 마련인데 그 대표 슈퍼 식재료로는 콜리플라워, 아스파라거스, 양배추, 마, 연근, 아보카도, 토마토, 굴, 새우, 버섯 등을 추천한다. 반면 여자의 몸이 원하고 여자들의 욕구에 부합하는 대표적인 슈퍼푸드로는 호박, 석류, 달걀, 콩과 두부, 감귤, 해초, 브로콜리, 사과, 래디시, 비트, 견과를 꼽는다. 그 속에 들어 있는 특별한 영양소와 효능들이 여자들에게는 단순한 식품을 넘어 약이 되고 치유가 되기도 한다. 특히 여자들의 윤기 있고 맑은 피

Introduction 007

부 미용에 좋거나 노화와 골다공증을 예방하고 균형 잡힌 몸매를 가꾸는데 도움이 되는 다이어트 식품 역할도 한다. 다시 말해 어떠한 슈퍼푸드는 누구에게나 다 좋은 것은 말할 필요가 없다. 다만 누가 더 즐겨 먹으면 더 몸에 좋을지가 핵심 포인트로, 이 책에서는 남자에게 더 좋은 식재료, 여자에게 더 좋은 식재료들의 다양한 효능들과 영양소 분석을 통해 맛과 음식궁합을 고려한 드레싱과 샐러드의 조합에도 집중했다.

식재료 수는 줄이고 눈으로, 입으로도 맛있게 즐기는 오감 만족의 샐러드를 위한 방정식을 소개했다. 샐러드는 조리를 거의 하지 않아도 되는 메뉴로, 가장 신선하게 채소와 드레싱을 얹기만 하면 되는 초 간단 영양식이다. 식재료의 수가 적을수록 좋은 샐러드라 할 수 있고, 샐러드가 완성된 다음에도 식재료 각각의 맛과 향, 모양이 먹음직스럽게 살아 있도록 하는 것이 좋다. 너무 잘게 썰거나 다지면 재료 맛은 물론 식감도 크게 떨어지기 쉽다. 그리고 되도록 이면 재료는 어디서든 손쉽게 구할 수 있는 제철에 나는 것을 위주로 준비하도록 하고 가끔은 다소 비싸더라도 엑스트라 버진 올리브유나 서양식 식초나 향신료와 허브와 같은 포인트 식재료로 맛의 변화를 주는 것도 지루하지 않은 샐러드를 즐기는 비법이다. 요즘 샐러드의 기본은 적은 시간을 투자해서 영양이 풍부하면서도 맛도 화려한 샐러드를 만드는 것이 트렌드. 또 하나의 샐러드 조합의 포인트는 건강과 웰빙이다. 푸른 채소는 더 많이, 육류와 육가공음식은 적게, 치즈는 최소한 양을 이용하여 건강하면서 맛은 풍성한 샐러드의 조합을 만든다. 또한 저염식으로 소금과 설탕은 줄이고, 건강 식재료로 균형을 잡아 가는 것에 중점을 두는 것이 이 책에서 소개하고자 하는 샐러드의 기본이다.

샐러드는 잎채소, 단백질, 토핑으로 크게 세 가지로 조합된다. 채소나 과일 그리고 드레싱, 그리고 단백질을 공급할만한 토핑. 샐러드용 잎채소는 사실 샐러드의 가장 기본이 되는 재료이다. 다양한 서양식 잎채소를 포함하여 한국식 쌈 채소에 이르기까지 샐러드에 이용되는 채소들은 제각기의 식감과 맛과 향을 가지고 있어 자신의 입맛과 취향에 맞게 선택하는 것이 좋다. 여기에 영양적 균형을 위해 단백질을 잊지 말아야 한다. 사실상 단백질원 식재료들이 샐러드의 맛을 보다 풍부하게 만드는 핵심임을 잊지 말자. 맛의 포인트가 되는 식감, 맛과 향을 결정하는 토핑의 선택 또한 중요하다. 마지막으로 가장 중요한 샐러드의 결정적인 한방은 바로 완벽한 허브와 드레싱의 선택과 조합으로 결정된다.

01

superfood
salads
for men

콜리플라워

남자에게 특히 좋은
슈퍼푸드 10가지

아보카도 마
토마토 아스파라거스

양배추 연근
새우 굴

버섯

남자라면 절대 놓치지 말아야 할 슈퍼 드레싱
His dressing TOP 4

❶ 아보카도 페타치즈 크림
avocado and feta cheese cream

❷ 비트크림 요구르트
beet cream yogurt

❸ 그릭 딜 요구르트
greek dill yogurt

❹ 망고 민트 소스
mango mint sauce

His dressing Top 4

아보카도 페타치즈 크림
avocado and feta cheese cream

아보카도(잘 숙성된 것) 1개 페타치즈 70g
레몬즙 1작은술 플레인 요구르트 4큰술 소금·후추 약간

1. 아보카도는 충분히 잘 숙성된 것으로 골라 반으로 갈라 둥근 씨를 칼로 찍어 비틀어 빼 버린 다음 껍질을 벗기고 숟가락을 이용해 과육을 파낸다.
2. 믹서기에 1의 아보카도를 적당한 크기로 깍둑썰어 먼저 담고, 여기에 페타치즈를 손으로 잘게 부숴 같이 넣는다. 마지막으로 레몬즙을 뿌린 다음 살짝 돌려서 섞는다.
3. 2에 플레인 요구르트를 마지막으로 넣어 걸쭉한 소스로 완성한 다음 후추와 소금으로 간을 한다.

비트크림 요구르트
beet cream yogurt

비트(작은 것) 1/2개 크림치즈 70g 플레인 요구르트 4큰술
꿀 1작은술 레몬즙 1작은술 소금·후추 약간

1. 비트는 끓는 물에 소금을 넣고 10분간 삶아서 건진 다음 껍질을 벗기고 적당한 크기로 잘라둔다. 이때 비트물이 많이 배어 나오므로 종이타월을 깔아준다.
2. 믹서기에 1의 비트와 꿀을 먼저 담고 갈아준다. 그런 다음 여기에 분량의 크림치즈와 레몬즙을 뿌려 둔다.
3. 2에 플레인 요구르트를 마지막으로 넣어 걸쭉하게 갈은 다음 여기에 후추와 소금으로 간을 한다.

그릭 딜 요구르트
greek dill yogurt

플레인 요구르트 3/4컵 딜 다진 것 2큰술 민트 다진 것 1큰술 마늘 다진 것 1쪽 라임 제스트와 즙 1/2개 분량 소금·후추 약간

1. 마늘은 아주 잘게 으깨듯이 다진 다음 커다란 볼에 다진 딜과 민트를 넣고, 라임즙과 제스트 다진 것을 넣어 요구르트 약간을 쪼르륵 따라가며 한데 잘 섞어둔다.
2. 1에 소금과 후추로 간을 맞추어 간을 한다.

망고 민트 소스
mango mint sauce

망고(냉동 사용가능) 50g 꿀 1큰술 강황가루(혹은 디종 머스터드) 1/2작은술 크림치즈 3큰술 마요네즈 1큰술 민트(혹은 타임) 다진 것 약간 소금·후추 약간

1. 믹서기에 분량의 망고, 강황가루, 꿀, 크림치즈 1/2분량 만 먼저 한데 넣고 갈아준다.
2. 1의 내용물이 크림처럼 부드럽게 섞어지면 나머지 크림치즈 1/2과 마요네즈를 마저 넣고 섞는다.
3. 2에 잘게 다진 민트 혹은 취향에 따라 타임을 잘게 다져서 넣고 소금과 후추로 간을 한다.

남자를 더 강하게 만들어 주는
견과 TOP 6

견과에는 두뇌 발달에 필요한 DHA와 비타민 A와 B 그리고 다양한 무기질이 풍부하다. 특히 콜레스테롤의 수치를 낮춰주는 필수지방산과 불포화지방산 그리고 트립토판과 아미노산이 다량 함유되어 있다. 여기에 리놀렌산과 불포화지방산, 비타민E가 혈관 속에 침착하기 쉬운 콜레스테롤을 막아주기 때문에 호두는 고혈압은 물론 동맥경화를 방지하고 성인병 예방에 커다란 도움을 준다. 요즘 홈쇼핑에서도 호두, 잣, 아몬드, 브라질너트 등 다양한 견과류들이 불티나게 팔려 나가고 있을 정도로 인기 절정이다. 그것은 여러 가지 영양분과 효능이 입증되었고 맛과 영양 모두 만족스럽기 때문이다. 특히 불포화지방산이 풍부해 탄수화물, 단백질, 지방, 무기질 등 각종 영양소가 풍부하고 질적으로 우수한 단백질은 물론 오메가 3 지방산도 풍부하다. 피로회복에 도움을 줄 뿐만 아니라 비타민 E는 활성 산소를 없애고 성인병을 억제하고 노화를 방지한다. 특히 호두와 피칸에 많이 들어 있는 비타민 E는 폐암 등 암 세포 증식을 억제하는 것으로 알려지기도 해 남자들에게 특히 권장할만한 필수 슈퍼푸드.

❶ **햄프씨드** 필수아미노산과 비타민, 무기질이 풍부하고 특히 비타민 E가 많아 피부 건강과 다이어트에 효과적이다. 심혈관의 콜레스테롤이 누적되는 것을 막아 혈관을 깨끗하게 해주는 역할을 해 고지혈증 증세가 있는 사람에게 특히 좋다. 식이섬유가 풍부하고 칼로리는 낮아 조금만 먹어도 포만감이 강해 남성들의 근육 탄력 강화와 장 건강에 도움이 된다.

❷ **호박씨** 콜레스테롤 수치를 내려주는 식물 추출물인 파이토스테올스 성분이 풍부해 동맥경화를 예방하고, 혈액순환을 도와 노화방지에도 효과가 있다. 특히 비타민 B, 비타민 C 등의 영양소가 풍부하게 들어있어 간 기능 강화에도 좋다. 비타민 B복합체는 탄수화물, 지방 대사에 중요한 역할을 하는 성분으로 간에 지방이 쌓이는 것을 막아 준다. 또한 불포화지방산이 무려 50%이상이 함유되어 있고, 칼슘이 풍부해 골다공증 예방에 최고의 식재료.

❸ **건포도와 말린 크랜베리** 말린 포도에는 다양한 비타민과 무기질이 함유되어 있고, 탄수화물과 식이섬유도 풍부해 변비를 예방하고 노화를 늦춰준다. 또한 철분이 풍부해 빈혈을 예방하고 피를 맑게 한다. 말린 크랜베리도 좋은 콜레스테롤을 증가시키고 효과가 강한 항산화제로 심장의 건강을 증진시키는 효과가 있다. 칼로리가 높은 편이라 하루 한 두 개만 먹어도 열량 보충이 가능하고 영양이 풍부한 천연영양제로 추천한다.

❹ **호두** 불포화지방산이 풍부해 피부건강과 두뇌건강에 좋은 식재료이다. 지방이 많아 산화되기 쉬운 단점이 있다. 칼로리가 높아 다이어트에는 도움이 안 되지만 불포화지방산이 많아 남자들의 근육 탄력과 건강한 피부를 유지 할수 있다. 질 좋은 지방, 리놀렌산과 비타민 E도 풍부해 콜레스테롤로 인한 동맥경화를 막고 혈관 건강에 필수적이다.

❺ **잣** 철의 재료라고 해도 지나치지 않다. 다른 견과류보다 철분의 함량이 많아 특히 여자들에게는 물론 남자들의 자양강장제로 널리 알려진 잣은 고소하고 영양이 뛰어나다. 반면 열량이 높아 비만인 경우에는 덜 먹는 것이 좋다. 근육의 탄력을 높여 주고 혈압을 내려준다. 올레산, 리놀레산 등 불포화 지방산이 많아 남자들의 스태미나에도 좋아 몸의 활력을 유지하는데 도움이 된다.

❻ **아몬드** 비타민 E의 보고인 아몬드는 하루에 몇 알을 항상 섭취하라고 말할 만큼 건강유지를 위한 필수 식품이다. 특히 활성산소로 인해 생기는 몸의 염증에 대한 소염 작용과 면역력을 높여 주는 항산화 기능이 뛰어나 피부는 물론 뇌 건강에도 도움이 된다. 또한 철분이나 칼슘도 풍부해 골다공증 예방에도 좋다 대사증후군과 당뇨병 예방의 효과가 뛰어나 남성들에게 좀 더 효과적인 천연 영양제이다.

cauliflower 콜리플라워

항암성분이 많이 들어있어서 슈퍼푸드로 알려진 콜리플라워는 브로콜리에 비해 덜 애용되고 있다. 브로콜리와 비슷한 콜리플라워는 보라색, 연두색, 흰색, 노란색 등 다양한 색을 지니고 있다. 다량 함유된 비타민 C는 바이러스에 저항력이 강한 면역력을 높일 뿐만 아니라 콜라겐의 형성을 높여 노화방지에도 탁월한 효과는 물론 장을 튼튼하게 해주고 숙취에도 도움이 된다.

콜리플라워 딥 샐러드
cauliflower dip salad

콜리플라워 1/2통 오이 1/2개 샐러리 3줄기

1. 콜리플라워는 줄기가 탄력이 있고 송이가 시들거나 뭉개지지 않은 신선한 것을 골라 흐르는 물에 잘 씻는다.
2. 오이도 껍질이 오톨도톨하고 탄력이 있는 것을 선택해서 소금으로 껍질을 문질러 씻어 줄기와 꼭지 끝부분을 잘라둔다.
3. 샐러리는 겉껍질의 질긴 부분을 벗겨낸다. 그런 다음 잘 씻는다.
4. 콜리플라워는 송이를 먹기 좋게 한 입 크기 사이즈로 잘라 두고, 오이는 껍질째 길게 4등분 한 다음 씨는 발라내고 5cm 길이로 잘라둔다. 손질한 샐러리도 길쭉하게 오이와 비슷한 두께로 자른 다음 5cm 길이로 썰어서 접시에 보기 좋게 담아낸다.
5. 비트크림 요구르트와 바질 요구르트 딥 소스를 곁들여 입맛에 맞게 골라 찍어 먹으면서 아삭아삭한 식감과 맛을 즐긴다.

비트크림 요구르트 beet cream yogurt

비트(작은 것) 1/2개 크림치즈 70g 플레인 요구르트 4큰술 꿀 1작은술 레몬즙 1작은술 소금·후추 약간

1. 비트는 끓는 물에 소금을 넣고 10분간 삶아서 건진 다음 껍질을 벗기고 적당한 크기로 잘라둔다. 이때 비트물이 많이 배어 나오므로 종이타월을 깔아준다.
2. 믹서기에 1의 비트와 꿀을 먼저 담고 분량의 크림치즈를 넣고 여기에 레몬즙을 뿌려 둔다.
3. 2에 플레인 요구르트를 마지막으로 넣어 걸쭉하게 갈은 다음 여기에 후추와 소금으로 간을 한다.

바질 요구르트 basil yogurt

요구르트 4큰술 바질 다진 것 1작은술 샬롯(혹은 적양파) 다진 것 2큰술 레몬 제스트와 즙 1/2개 분량 꿀 1작은술 파프리카(생략 가능)가루 1/2작은술 소금·후추 약간

1 볼에 요구르트와 꿀을 한데 넣고 부드럽게 잘 섞어둔다.
2 다진 바질, 샬롯을 잘게 다져서 1에 넣고 한 번 더 섞는다.
3 2에 레몬 제스트와 즙을 뿌려 넣고 소금과 후추로 간한다.
4 불 맛이 나는 파프리카 가루는 취향에 따라 먹기 직전에 한 꼬집 뿌려낸다.

바질 요구르트   비트크림 요구르트

cauliflower

시금치 콜리플라워 샐러드
spinach cauliflower salad

삼색 콜리플라워 각 1/4송이씩 샐러드용
시금치(어린잎) 200g 호두 100g 소금·후추 약간

1. 콜리플라워는 가능하다면 색깔을 두 가지 이상으로 준비해서 줄기 부분을 잘라내고 한 송이씩 한 입 크기로 잘라 다듬어 둔다.
2. 콜리플라워는 송이로 나눠 끓는 물에 소금 1큰술을 넣고 4~5분 정도 짓무르지 않고 아삭한 식감이 사라지지 않을 만큼만 살짝 데쳐서 차가운 물에 헹귀 물기를 빼둔다..
3. 부드럽고 고소한 샐러드용 시금치는 흐르는 물에 살살 흔들어 씻은 다음 체에 밭쳐 물기를 완전히 빼둔다.
4. 호두는 잘게 부숴 잘 달구어진 두꺼운 팬에 얹고 살짝 볶아내어 식힌다.
5. 커다란 볼에 콜리플라워와 시금치를 한데 넣고 홀그레인 머스터드 드레싱으로 골고루 섞어둔다.
6. 5에 4의 볶은 호두를 뿌리고 여기에 홀그레인 머스터드 드레싱을 곁들여 낸다.

홀그레인 머스터드 드레싱
whole grain mustard dressing

엑스트라 버진 올리브유 4큰술 홀그레인 머스터드 2작은술
오렌지 즙 4큰술 오렌지 제스트 1작은술 소금·후추 약간

1 볼에 홀그레인 머스터드를 넣고 오렌지 즙과 오렌지 제스트를 넣고 먼저 섞는다.
2 1에 엑스트라 버진 올리브유를 천천히 넣으면서 크림 상태로 잘 융화되도록 섞어준다.
3 소금과 후추로 간을 맞춘 다음 드레싱을 완성한다.

cauliflower+carrot

콜리플라워 당근 샐러드
cauliflower carrot salad

당근 500g 콜리플라워 50g 샬롯 2개
블루베리(생략 가능) 1/2컵 소금·후추 약간

1. 당근은 감자필러로 껍질을 얇게 벗기고 꼭지를 잘라버린다. 그런 다음 채칼을 이용하여 가늘고 길쭉하게 누들처럼 채로 썰어둔다.
2. 콜리플라워는 아주 작은 송이로 잘게 잘라둔다.
3. 샬롯은 껍질을 벗겨내고 슬라이서를 이용하거나 칼로 최대한 얇게 동글동글 슬라이스한다.
4. 블루베리는 싱싱한 것을 골라 살짝만 씻어 물기를 빼둔다.
5. 커다란 볼에 손질해둔 재료들을 한데 넣고 애플 드레싱을 끼얹어 먹음직스럽게 곁들여 낸다.

 애플 드레싱 apple dressing

엑스트라 버진 올리브유 4큰술
사과즙(혹은 사과주스) 3큰술 사과식초 1큰술
꿀 1작은술 깐 마늘 1쪽 소금·후추 약간

1 깐 마늘은 잘고 부드럽게 으깨듯 다져둔다.
2 볼에 1의 마늘과 사과즙을 먼저 넣고 꿀을 넣고 잘 섞어 준다.
3 2에 사과식초를 떨어뜨리고 엑스트라 버진 올리브유를 천천히 넣어가며 거품기로 충분히 섞어 크림상태가 될 정도로 잘 저어준다.
4 마지막으로 소금과 후추로 간을 하여 완성한다.

tomato 토마토

토마토 속 활성산소를 배출시켜 세포의 젊음을 유지하는 라이코펜이라는 성분이 남자의 전립선암을 예방하는데 도움이 될 뿐 아니라 알코올을 분해할 때 생기는 독성물질을 잘 배출시키는 역할을 하여 숙취 해소에도 좋다. 특히 비타민 K가 많아 칼슘이 빠져 나가는 것을 막고 몸속의 염분을 골다공증이나 노인성 치매 예방하는데 도움이 된다. 소화를 촉진하고 위 부담을 줄이고 산성 식품을 중화시키기도 하고 식이섬유가 풍부해 변비 예방에도 효과적이다.

방울토마토 샐러드
cherry tomato salad

방울토마토 3컵 청포도 1컵 케일 1장 바질(생략 가능) 채 썬 것 1/2컵 소금·후추 약간

1. 방울토마토는 꼭지 떼어내고 칼집을 작게 십자 모양으로 넣는다.
2. 팔팔 끓는 물에 소금 1큰술 넣은 다음 1의 손질해둔 방울토마토를 10초 정도 넣고 데쳐내어 바로 차가운 물에 담가 껍질을 벗겨서 준비해둔다.
3. 청포도도 송이송이 떼어내어 씻은 다음 칼로 껍질을 벗긴다. 물론 그냥 먹어도 좋다.
4. 케일은 돌돌 말아서 가늘게 채를 썰어둔다.
5. 볼에 손질해둔 방울토마토, 청포도, 케일 잎을 먼저 담고 민트 드레싱을 조금씩 끼얹어가며 버무린다. 그런 다음 접시에 내기 전에 소금과 후추로 간을 하고 바질 채를 뿌려낸다.

 민트 드레싱 mint dressing

엑스트라 버진 올리브유 1/2컵 민트·바질 다진 것 각 1큰술 레몬 제스트와 레몬즙 1/2개 분량 소금·후추 약간

1 볼에 민트와 바질 다진 것을 먼저 넣고 엑스트라 버진 올리브유를 조금씩 흘려가며 잘 섞는다.
2 깨끗하게 씻은 레몬에서 긁어낸 제스트를 잘게 다져두고, 레몬의 과육은 반으로 잘라 즙을 짜둔다.
3 준비해둔 레몬 제스트와 즙을 1에 한데 넣고 마저 섞은 다음 소금과 후추로 간을 한다.

tomato+fruit

토마토 딸기 샐러드
tomato strawberry salad

방울토마토(혹은 작은 토마토) 3컵 딸기 1컵 비트 잎 2장

1. 토마토는 깨끗하게 씻은 다음 한 입 크기로 썰어둔다.
2. 딸기도 꼭지를 떼어내고 손질하여 큰 것은 반으로 이등분해서 준비한다.
3. 비트 잎도 씻어 물기를 없애고 돌돌 말아서 채로 썰어둔다.
4. 레몬은 깨끗하게 씻은 다음 껍질을 길쭉하게 제스트로 긁어 둔다.
5. 볼에 준비해둔 재료들을 한데 넣고 레몬 제스트를 뿌린 다음 올리브 드레싱을 끼얹어 살살 버무린다

 올리브 드레싱 olive dressing

엑스트라 버진 올리브유 3큰술 깐 마늘 1쪽 바질 채 썬 것 1큰술 레몬즙 1작은술 꿀 1작은술 소금·후추 약간

1 마늘은 잘고 부드럽게 다져둔다.
2 바질은 잎을 한데 돌돌 말아서 총총 잘게 다진다.
3 볼에 다진 마늘과 바질을 먼저 넣고 레몬즙을 넣는다.
4 3에 엑스트라 버진 올리브유를 천천히 조금씩 넣어가며 잘 저어 드레싱을 완성한다.
5 4에 소금과 후추로 간을 한다.

tomato+cheese

토마토 리코타 치즈 샐러드
tomato ricotta cheese salad

토마토(중간 크기) 6개 아보카도 1/2개 마(20cm) 1줄기
샐러리 1줄기 딜 4줄기 적양파 1/2개
양상추 4잎 퀴노아 튀긴 것(시판용) 2큰술 소금·후추 약간

1. 중간 크기의 토마토는 꼭지를 떼어내고 4등분해둔다.
2. 아보카도는 적당히 숙성된 것을 선택하여 반으로
   갈라 둥근 씨를 칼로 찍어 빼 버린 다음 아보카도의
   반만 껍질을 칼로 벗기거나 숟가락을 이용하여
   과육만을 파내어 사방 2cm 크기로 깍둑썰기 한다.
3. 마는 껍질을 벗겨내고 아보카도와 비슷한 크기로
   썰어둔다.
4. 양상추도 잎을 4장 정도 따로 떼어낸 다음
   한 입 크기로 뜯어 둔다.
5. 딜은 2cm 길이로 잘게 썰어두고 적양파도 손질하여
   1cm 크기로 네모지게 썰어둔다.
6. 볼에 손질해둔 아보카도, 마, 딜, 적양파를 한데 넣고
   리코타 치즈 드레싱을 끼얹어 살살 버무리고
   소금과 후추로 간을 한다.
7. 접시에 양상추를 먼저 깔고 토마토를 돌려 담고
   버무려둔 샐러드를 가운데 먹음직스럽게 담고
   퀴노아 튀김을 뿌려 담아낸다.

플레인 요구르트 1통(80g) 리코타 치즈 3큰술
레몬즙 1큰술 설탕 1작은술 소금·후추 약간

1 볼에 플레인 요구르트를 먼저 붓고 리코타 치즈를
  넣고 거품기를 이용해 잘 저어 섞어준다.
2 1에 레몬즙과 설탕을 넣고 녹을 때까지 마저
  섞어준 다음 소금과 후추로 간을 하여 완성한다.

avocado 아보카도

아보카도는 건강에 좋은 불포화 지방산이 풍부하고 무엇보다도 칼륨이 풍부해 나트륨의 배출에 도움을 준다. 특히 당분의 함량이 낮고 비타민 C가 다량 함유되어 있어 피부노화를 방지하고 과일 버터라고 여길 만큼 부드럽고 고소한 맛이 일품이다. 아보카도의 필수지방산은 원기회복 효력을 갖고 있어 남자들에게 특히 권할 만하다.

아보카도 샐러드
avocado salad

아보카도 1/2개 삼색 피망 각 1/3개씩 양배추 100g 잎채소 50g 빨간 무(생략 가능) 채 썬 것 4큰술 고수(취향에 따라 생략 가능) 5줄기 적양파 1/4개 소금·후추 약간

1. 아보카도는 적당히 숙성된 것을 선택하여 반으로 갈라 둥근 씨를 칼로 찍어 빼 버린 다음 아보카도의 반만 껍질을 칼로 벗기거나 숟가락을 이용하여 과육만을 파내어 사방 2cm 크기로 깍둑썰기 한다.
2. 삼색 피망은 깨끗하게 씻어 꼭지를 떼어내고 씨를 발라낸 다음 아보카도와 비슷한 크기로 네모지게 썰어둔다.
3. 적양파를 손질하여 잘고 네모지게 썰어두고, 고수를 다듬어서 잘게 듬성듬성 썰어둔다.
4. 양배추는 최대한 가늘고 부드럽게 채 썰어둔다. 채칼을 이용해도 좋다.
5. 래디시도 3cm 길이로 가늘게 채로 썰어두고 잎채소는 손질하여 신선하게 먹기 좋은 크기로 잘라둔다.
6. 볼에 손질해둔 채소들을 한데 넣고 오렌지 드레싱을 끼얹은 다음 잘 섞어둔다.
7. 마티니 잔을 이용해 양배추를 먼저 담고 채 썬 래디시, 잎채소를 먼저 돌려 담고 그 위에 피망과 아보카도 샐러드를 얹어 낸다.

🍊 오렌지 드레싱 orange dressing

엑스트라 버진 올리브유 4큰술 레몬과
오렌지 제스트와 즙(혹은 원액 주스) 2개 분량씩
디종 머스터드 1큰술 소금·후추 약간

1. 레몬과 오렌지를 채소 전용세제를 이용하여 깨끗하게 씻어 껍질의 불순물을 최대한 깔끔하게 씻어낸다.
2. 1의 레몬과 오렌지의 껍질을 제스터(껍질을 벗겨내는 칼)나 감자 필러를 이용하여 과일 껍질 속의 흰 부분이 닿지 않도록 껍질을 얇게 벗겨낸다.
3. 2의 벗겨낸 껍질을 잘게 다져두고 남은 레몬과 오렌지의 과육은 짜서 즙만 따로 걸러 준비해둔다.
4. 믹서기에 레몬과 오렌지 즙과 제스트를 먼저 넣고 여기에 디종 머스터드를 넣고 뚜껑을 닫고 1컵 분량의 엑스트라 버진 올리브유를 조금씩 여러 차례 부어가며 믹서기를 작동시켜야 드레싱이 잘 유화되어 크림 상태가 된다.
5. 마지막으로 소금과 후춧가루로 간을 한다.

avocado

아보카도 수란 샐러드
avocado poached egg salad

아보카도 2개 달걀(작은 것) 4개 새송이버섯 2송이 홍피망 1/2개 쌈 채소 200g 냉이(생략 가능) 4뿌리 그린빈스 100g 식초 2큰술 올리브유 적당량 소금·후추 약간

1. 아보카도는 적당히 숙성된 것을 선택하여 반으로 갈라 둥근 씨를 칼로 찍어 빼 버린 다음 아보카도의 반만 껍질을 칼로 벗기거나 숟가락을 이용하여 과육만을 파내고, 새송이버섯도 동글동글 썰어 그릴 팬에 올리브유를 살짝 뿌려 구워 소금과 후추로 간을 하면서 살짝 구워 식혀 둔다.
2. 팔팔 끓는 물에 식초를 넣고 달걀을 작은 그릇에 깨서 담고, 냄비에 숟가락으로 둥글게 한 방향으로 휘휘 저으면서 넣고 수란 모양을 잡아 건져 낸다.
3. 쌈 채소는 깨끗하게 씻은 다음 체에 밭쳐 물기를 완전히 뺀 다음 먹기 좋은 크기로 잘라둔다.
4. 봄에는 냉이나 봄나물을 선택해서 같이 곁들여 상큼함을 더한다. 이때 냉이의 부드러운 어린 잎 만을 떼어내어 준비해둔다.
5. 그린빈스는 끓는 소금물에 살짝 데쳐내어 찬물에 식혀 물기를 빼둔다.
6. 볼에 파르메산 드레싱을 끼얹어 준비해둔 채소들을 한데 넣고 살살 버무려 접시에 담는다.
7. 6의 샐러드 위에 구운 아보카도와 수란을 얹어 파르메산 드레싱을 한 번 더 끼얹고 소금과 후추로 간을 해서 낸다.

파르메산 드레싱
parmesan cheese dressing

플레인 요구르트 1/2컵 파르메산 치즈 갈은 것 1/2컵 레몬 제스트와 즙 1/2개 분량 디종 머스터드 1큰술 소금·후추 약간 물 약간

1 볼에 모든 재료들을 한데 넣고 거품기로 잘 섞어 준다.
2 충분히 원하는 정도의 농도가 나올 때까지 잘 섞어 준 다음 여기에 소금과 후추로 간을 하고 필요시엔 물을 약간 넣어 농도를 조절해도 좋다.

avocado

비빔 채소 샐러드
mixed vegetable salad

아보카도 1/2개 모둠 콩 1/2컵 방울토마토 1컵
양송이버섯 4통 빨간 무(래디시 대체 가능) 50g
적양배추 4잎 쌈 채소(취향에 따라) 100g

1. 아보카도는 적당히 숙성된 것을 선택하여 반으로 갈라 둥근 씨를 칼로 찍어 빼 버린 다음 아보카도의 반만 껍질을 칼로 벗기거나 숟가락을 이용하여 과육만을 파내고 슬라이스해 둔다.
2. 모둠 콩 신선한 것은 그대로 삶고, 말린 콩은 미리 3시간 이상 불려두었다가 삶아서 물기를 빼둔다.
3. 적양배추는 잎을 겹쳐서 가늘게 채로 썰어 준비해두고, 방울토마토는 꼭지를 떼어내고 2등분해서 준비해둔다.
4. 빨간 무도 둥글둥글 슬라이스 한 다음 가늘게 채로 썰어 준비하고, 양송이버섯도 손질하여 둥글게 슬라이스해 둔다. 쌈 채소는 취향껏 골라서 깨끗하게 씻어 물기를 빼서 먹기 좋은 크기로 잘라둔다.
5. 접시에 비빔밥 채소 돌려 담듯이 보기 좋게 돌려 담고 가운데에 아보카도 슬라이스를 얹고 머스터드 유자 드레싱을 끼얹거나 곁들여 낸다.

머스터드 유자 드레싱
mustard citron dressing

유자청 3큰술 레몬 제스트와 즙 1/2개 분량
양파 잘게 다진 것 1/4개 디종 머스터드 1작은술
깐 마늘 2쪽 소금·후추 약간

1 레몬과 오렌지를 채소 전용세제를 이용하여 깨끗하게 씻어 껍질의 불순물을 최대한 깔끔하게 씻어낸다.
2 1의 레몬과 오렌지의 껍질을 제스터(껍질을 벗겨내는 칼)나 감자 필러를 이용하여 과일 껍질 속의 흰 부분이 닿지 않도록 껍질을 얇게 벗겨낸다.
3 2의 벗겨낸 껍질을 잘게 다져두고 남은 레몬과 오렌지의 과육은 짜서 즙만 따로 걸러 준비해둔다.
4 양파는 손질하여 잘게 다지듯 썰어서 준비해둔다. 깐 마늘도 으깨듯이 잘게 다져서 준비해둔다.
5 커다란 볼에 유자청과 레몬 제스트, 즙을 한데 먼저 섞고 여기에 디종 머스터드를 넣고 마저 섞어둔다. 여기에 잘게 다져둔 양파와 마늘을 넣고 섞은 다음 소금과 후추로 간을 한다.

cilantro 고수

고수는 몸에 나쁜 콜레스테롤을 몸밖으로 배출시켜 고혈압 예방에 좋고, 각종 질병에 대한 면역력이 뛰어나다. 특히 입맛이 없을 때 샐러드에 곁들여 먹으면 입맛을 돋워 식욕을 회복하는 효능이 있다. 고수는 특유의 강한 향을 지니고 있는 허브의 일종으로 입 냄새나 생선, 해물 요리에 비린내를 없애주므로 동남아 수프나 생선요리에 자주 이용된다.

아보카도 고수 샐러드
avocado cilantro salad

토마토 4개 고수 50g 아보카도 1/2개 샐러리 1대 적양파 1/2개

1. 토마토는 사방 1cm 크기로 네모지게 썰고, 적양파도 손질하여 토마토와 같은 크기로 썰어둔다.
2. 샐러리도 줄기의 길쭉하고 질긴 심지를 벗겨 낸 다음 토마토와 같은 크기로 먹기 좋게 썰어둔다.
3. 아보카도는 적당히 숙성된 것을 선택하여 반으로 갈라 둥근 씨를 칼로 찍어 빼 버린 다음 아보카도의 반만 껍질을 칼로 벗기거나 숟가락을 이용하여 과육만을 파내고 토마토와 같은 크기로 깍둑썰기 해둔다.
4. 고수는 깨끗하게 씻어 물기를 빼고 줄기를 잘라 버리고 잎을 칼로 잘게 다져둔다.
5. 볼에 손질한 채소들을 한데 넣고 라임 드레싱을 넣고 살살 버무려 컵이나 볼을 이용해 먹음직스럽게 담아낸다.

 라임 드레싱 lime dressing

라임즙 4개 분량 엑스트라 버진 올리브유 4큰술 설탕 1작은술 마늘 다진 것 1작은술 타임 1작은술 타바스코 소스(취향에 따라 생략 가능) 1작은술 소금·후추 약간

1 라임은 신선한 것을 골라 껍질을 씻고 반으로 자른 다음 즙을 짜서 걸러 둔다. 만약 라임을 구할 수 없다면 시판용 라임 즙을 사서 대체해도 무방하다.
2 마늘은 부드럽게 다진 것을 준비하고 타임은 잎을 따서 잘게 다져둔다.
3 커다란 볼에 라임즙, 다진 마늘, 타임, 설탕을 먼저 넣고 엑스트라 버진 올리브유를 조금씩 부어가며 거품기로 충분히 저어 설탕이 다 녹고 유화가 잘 되어 크림상태가 되도록 섞은 다음 타바스코 소스, 소금과 후춧가루로 간을 하여 완성한다.

avocado+cilantro

yam 마

위와 장을 보호하고 자양강장 효력이 탁월한 마는
남자들의 정력제라 해도 과언이 아니다. 한방 약재로도
활용될 만큼 약효가 뛰어나 식재료이기보다는 약용식물에
가깝다. 단백질 흡수를 촉진하고 위벽의 분해를
억제하여 위벽을 보호해주는 끈적거리는 점액질 뮤신이
많이 함유되어 장 윤활제 역할을 하여 위산과다,
위궤양예방에 효과적이다.

마 샐러드
yam salad

마 200g 비트 잎 4장 적양파 1/2개 고수 잎 50g

1. 마는 필러를 이용하여 껍질을 얇게 벗겨낸다. 이때 마는 끈적거림이 심하고 알레르기를 유발할 수 있으니 비닐장갑을 끼고 손질해서 동글동글 슬라이스해 둔다.
2. 비트 잎은 깨끗하게 씻어 물기를 뺀 다음 둥글게 말아서 채로 썰어둔다.
3. 적양파는 껍질을 벗긴 다음 가늘게 채 썰어둔다.
4. 비트 잎은 쌉쌀한 식감이 좋고 마의 아삭거리는 맛과 잘 어울린다. 마의 끈적거림이 싫다면 물에 담가 점액을 조금 빼고 물기를 뺀 다음 먹어도 좋다.
5. 커다란 볼에 손질해둔 비트 잎, 적양파 채를 넣고 메이플 시럽 드레싱을 넣고 버무린다.

메이플 시럽 드레싱
maple syrup dressing

엑스트라 버진 올리브유 3큰술 사과식초 1큰술 메이플 시럽
(일반 시럽으로 대체 가능) 4작은술 소금·후추 약간

1 볼에 메이플 시럽과 사과식초를 넣고 잘 섞어둔다.
2 1에 엑스트라 버진 올리브유를 점차적으로 넣어가며 잘 유화되도록 거품기로 잘 저어 섞는다. 여기에 소금과 후추로 간을 맞춰 완성한다.

yam+beet leaf

mushroom 버섯

버섯에는 비타민과 무기질이 풍부해 채소와 흡사하면서도 탄수화물, 단백질, 지방 성분도 고루 함유되어 있다. 특히 각종 비타민과 철, 아연 등 무기질도 풍부하며 다양하게 함유되어 있는 에르고스테롤은 햇빛의 자외선에 의해 비타민 D로 바뀌어 장내의 칼슘 흡수를 돕기도 한다. 특히 고단백 저칼로리식품으로 비만과 변비 그리고 암을 예방하는 슈퍼푸드.

그린빈스 마 샐러드
green beans yam salad

마 200g 그린빈스 100g 만가닥 버섯 100g 달걀 2개
대파 1/4대 흑임자 1작은술 소금·후추 약간

1. 마는 필러를 이용하여 껍질을 얇게 벗겨낸다. 이때 마는 끈적거림이 심하고 알레르기를 유발할 수 있으니 비닐장갑을 끼고 손질해서 어슷하게 잘 썰어둔다.
2. 그린빈스는 꼭지와 심줄을 없애고 팔팔 끓는 소금물에 5분정도 데쳐서 차가운 물에 식혀 물기를 빼둔다.
3. 만가닥 버섯도 깔끔하게 손질하여 뿌리는 잘라버리고 5cm 길이로 잘라 살짝 데쳐 둔다.
4. 대파도 겉잎을 잘 손질하여 어슷하게 썰어둔다.
5. 달걀은 냄비에 찬 물을 넣고 15분 정도 삶아서 차가운 물에 식혀 껍질을 벗겨 동글동글하게 슬라이스해 둔다.
6. 커다란 볼에 손질한 재료들을 한데 넣고 오리엔탈 드레싱을 넣고 버무린 다음 소금과 후추로 간을 맞춘 다음 접시에 담고 흑임자를 뿌려 마무리 한다.

오리엔탈 드레싱 oriental dressing

진간장 4큰술 참기름 3큰술 설탕 1작은술 마늘즙 1작은술
현미식초 1큰술 후추 약간

1. 볼에 잘게 으깨듯이 다져둔 마늘즙을 먼저 담고 여기에 현미식초를 넣고 저어준다.
2. 1에 진간장과 설탕을 넣고 설탕이 녹을 때까지 잘 저어 준 다음 참기름을 넣고 후추로 간을 맞추어 드레싱을 완성한다.

mushroom+yam

eel 장어

장어는 단백질, 지방, 탄수화물, 칼슘, 인, 철, 비타민 A, B, 니코틴산 등의 성분을 많이 함유하고 간과 신장을 보호하는 효능이 있어 남자들의 스태미나 식품으로 꼽는다. 근육과 뼈를 튼튼하게 해주고 몸의 기운을 북돋워 체력 보강에 도움이 된다.

데리야키 장어 샐러드
teriyaki eel salad

데리야키 양념 장어 1마리 통밀 1컵 샐러드용 채소 200g 흑임자 1작은술

1. 시판하는 것 중에 양념이 되어 있는 장어를 구입해서 쓰는 것도 좋고, 장어소스를 만들어서 장어를 재워두었다가 그릴 구이를 하는 것도 좋다. 장어는 손질된 것을 사서 소스를 덧발라 재워둔다.
2. 통밀은 물에 가볍게 씻어 30분 정도 불려두었다가 고슬고슬하게 통밀 밥을 지어 체에 넣어두어 식힌다.
3. 샐러드용 채소는 흐르는 물에 가볍게 씻어 체에 받쳐 물기를 빼고 먹기 좋은 크기로 잘라둔다.
4. 접시에 샐러드용 채소를 먼저 담고 통밀을 담고 여기에 구운 장어를 올려 담고 참깨 드레싱을 곁들여 비벼가며 먹는다.

참깨 드레싱 sesame dressing

진간장 3큰술 참기름 1큰술 다시마 우려낸 물 2큰술 마늘 다진 것 1작은술 파 썬 것 1/2대 참깨 1작은술

1. 파와 마늘은 깨끗하게 손질한 다음 잘게 다져둔다.
2. 볼에 진간장, 다시마 우려낸 물을 넣고 섞은 다음 여기에 1을 넣고 잘 섞어준 다음 참기름으로 마무리 한다.

장어소스 eel sauce

진간장 3큰술 사과 간 것 3큰술 양파즙 2큰술 생강즙 2작은술 마늘 다진 것 1큰술 황설탕 1큰술 참기름 1큰술 맛술 2큰술 계핏가루(혹은 후춧가루) 약간

1. 볼에 진간장, 맛술, 황설탕, 계핏가루를 넣고 설탕이 녹을 때까지 섞는다.
2. 1에 사과 간 것, 양파즙, 생강즙을 한데 넣고 마저 섞는다.
3. 2에 마늘 다진 것을 넣고 참기름을 넣어 장어 소스를 완성한다.

eel+whole wheat

whole wheat 통밀

통밀에는 식이섬유와 비타민, 미네랄 등이 많이 들어있다. 특히 식이섬유는 장운동에 도움을 주어 변비예방에 효과적이고 남자들에게 특히 위험한 대장암 예방에 효과적이다. 또한 혈중 콜레스테롤 함량을 감소시켜 혈당과 혈압 개선에도 도움이 된다. 특히 통밀의 식이섬유 속에는 칼륨과 비타민, 무기질이 풍부해 비만은 물론 당뇨와 같은 성인병 예방에 효능이 있다.

통밀 마늘구이 샐러드
whole wheat fried garlic salad

통밀 1/2컵 느타리버섯 100g 황 피망 1/2개 영양부추 100g
깐 마늘 6쪽 식용유 약간

1. 통밀은 물에 가볍게 씻어 물에 30분 정도 불려두었다가 고슬고슬하게 통밀 밥을 지어 체에 널어 식힌다.
2. 느타리버섯은 깨끗하게 손질한 다음 먹기 좋게 한 가닥씩 잘게 찢어 끓는 물에 살짝 데쳐 낸다.
3. 깐 마늘은 가늘게 편으로 슬라이스 한 다음 약한 불에서 식용유를 두른 팬에 얹어 앞뒤를 뒤집어 가며 노릇노릇하게 구운 다음 종이 타월에 얹어 기름기를 빼둔다.
4. 영양부추는 깔끔하게 손질하여 5cm 길이로 썰어둔다.
5. 황피망은 꼭지를 떼어내고 가운데 씨를 뺀 다음 가늘게 채로 썰어둔다.
6. 볼에 손질해둔 재료들을 한데 넣고 오이스터 드레싱으로 살살 버무려 맛을 내어 접시에 담는다.

오이스터 드레싱 oyster dressing

굴소스 2큰술 다시마 우려낸 물 4큰술 참기름 1큰술
스리라차 1작은술 마늘 다진 것 2작은술 양파즙 1큰술

1 볼에 굴 소스와 다시마 우려낸 물, 양파즙을 넣고 잘 풀어준다.
2 1에 매콤한 맛을 내는 스리라차를 넣고 다진 마늘을 마저 넣어 잘 섞는다.
3 2에 참기름을 끼얹어 드레싱을 완성한다.

whole wheat+garlic

새우에 가장 많이 들어 있는 아미노산 타우린과 불포화 지방산은 콜레스테롤의 수치를 떨어뜨리고 두뇌발달에 도움이 된다. 특히 타우린은 간을 해독하고 피로회복을 빠르게 풀어주어 숙취해소에도 도움이 되어 남자들의 스태미나 식재료로 손꼽힌다. 새우 껍질에 많이 들어 있는 키토산은 몸속의 지방 축적을 막아주며 독성물질을 없애주는 항산화 작용과 암세포 증식을 억제해주는 항암효과에도 탁월하다.

새우 토마토 샐러드
shrimp cherry tomato salad

칵테일 새우 1컵 래디시 5개 베이컨 3줄 샐러리 1줄기
방울토마토 1/2컵 양배추 3잎 파르메산 치즈 채 썬 것 1/4컵

1. 칵테일 새우는 꼬리의 껍질을 벗겨내고 깐 새우 상태로 준비해둔다.
2. 래디시는 얇게 동글동글 슬라이스한다.
3. 베이컨은 1cm폭으로 썰어 둔 다음 노릇노릇 바삭하게 구워낸다.
4. 방울토마토는 꼭지를 떼어내고 4등분해둔다.
5. 양배추도 한 잎씩 잘라내어 두꺼운 줄기 부분은 잘라내고 부드러운 잎 부분을 돌돌 말아서 가늘게 채로 썬다.
6. 샐러리도 깨끗하게 손질한 다음 질긴 심지를 벗겨내고 1cm 두께로 송송 썰어둔다.
7. 볼에 손질해둔 재료들을 모두 담고 와사비 드레싱을 끼얹어 버무려 먹음직스럽게 담아낸다.

 와사비 드레싱 wasabi dressing

엑스트라 버진 올리브유 4큰술 와사비 2작은술
현미식초 1큰술 레몬즙 1큰술 소금·후추 약간

1 볼에 와사비와 현미식초를 넣고 잘 섞어준다.
2 1에 레몬즙을 넣고 마저 섞은 다음 엑스트라 버진 올리브유를 천천히 넣어가며 거품기로 충분히 섞어 잘 유화되도록 한다.
3 2를 소금과 후추를 넣고 간을 맞춘다.

shrimp+tomato

prawn+olive

칠리 대하구이 샐러드
grilled chili prawn salad

대하 12마리 그린 올리브 1/2컵 치커리(샐러드용 채소 취향껏 선택) 200g 레몬 1개 적양파 1/4개
칠리소스
스위트 칠리소스 4큰술 사과식초 2작은술 타바스코 소스 1작은술 마늘 다진 것 1큰술 소금·고춧가루 약간

1. 마늘을 잘게 으깨듯이 다져둔다. 적양파는 껍질을 벗기고 손질하여 채 썰어둔다.
2. 샐러드용 치커리는 흐르는 물에 씻어 체에 밭쳐 물기를 빼둔다. 그리고 그린 올리브는 먹기 좋게 동글동글 슬라이스해 둔다.
3. 볼에 칠리소스 재료들을 한데 넣고 잘 섞은 다음 소금과 고춧가루로 간을 한다.
4. 대하는 두 번째 등 마디에 이쑤시개를 넣어 지저분한 내장을 없애고 소금물에서 씻어 물기를 빼둔다.
5. 3의 칠리소스를 새우에 발라가며 바닥이 두꺼운 프라이팬을 약한 불에 얹어 양념이 금세 타지 않도록 은근히 그릴구이 한다.
6. 접시에 적양파를 먼저 담고 치커리와 그린 올리브를 뿌리듯 담아내고 그릴 구이 한 새우를 얹고 레몬을 4등분하여 곁들여 내고 발사믹 레몬 드레싱을 샐러드에 뿌려낸다. 머스터드 유자 드레싱을 끼얹거나 곁들여 낸다.

발사믹 레몬 드레싱
balsamic lemon dressing

엑스트라 버진 올리브유 4큰술 발사믹 글레이즈 2작은술 레몬즙 1작은술 소금·후추 약간

1 볼에 발사믹 글레이즈와 엑스트라 버진 올리브유를 조금씩 넣어가며 잘 섞어둔다.
2 1에 레몬즙을 넣어 상큼한 향을 더하고 소금과 후추로 간을 하여 완성한다.

shrimp+avocado

새우 아보카도 샐러드
shrimp avocado salad

중하 12마리 관자(큰 것) 4개 새송이버섯 2개 아보카도 1/2개 레몬즙 1큰술 생강즙 1작은술 로메인 상추 200g 양배추 3잎 올리브유·식용유 약간 소금·후추 약간

1. 새우는 깨끗하게 손질한 다음 길게 뻗은 수염은 잘라 버리고 올리브유, 레몬즙, 생강즙, 소금과 후추로 간을 한 양념에 재워 실온에서 20분 이상 두는 것이 좋다.
2. 관자도 옆으로 썰어서 레몬즙과 생강즙으로 살짝 뿌려 잠시 재워둔다.
3. 새송이버섯은 손질하여 길쭉하게 슬라이스한다.
4. 아보카도는 적당히 숙성된 것을 선택하여 반으로 갈라 둥근 씨를 칼로 찍어 빼 버린 다음 아보카도의 반만 껍질을 칼로 벗기거나 숟가락을 이용하여 과육만을 파내어 1cm 두께로 길게 썰어둔다.
5. 로메인 상추는 손으로 잎을 따로 떼어내어 흐르는 물에 씻어 체에 밭쳐 물기를 빼둔다. 양배추는 잎을 따로 떼어내어 가늘게 채로 썰어둔다.
6. 잘 달구어진 팬에 식용유를 살짝 두른 다음 양념에 재워둔 새우와 관자, 아보카도, 새송이버섯을 그릴구이 해 둔다.
7. 커다란 로메인 상추와 양배추를 아보카도 드레싱을 끼얹어 살살 버무려 먼저 접시에 담은 다음 그릴 구이 한 재료들을 먹음직스럽게 얹어 낸다.

아보카도 드레싱 avocado dressing
아보카도 오일 4큰술 라임주스 2작은술 현미식초 1작은술 소금·후추 약간

1. 아보카도 오일은 시판용으로 준비하는데 비싼 편이다. 구하기 어렵다면 올리브유로 대체해도 좋지만 아보카도 오일의 구수한 무게감이 샐러드 맛을 고급스럽게 한다.
2. 볼에 라임주스와 현미 식초를 넣고 아보카도 오일을 점차적으로 휘저어 잘 유화시킨다.
3. 마지막으로 소금과 후추로 간을 하여 맛을 낸다.

Superfood salads for men

lotus root 연근

연근에는 비타민 C가 풍부하고 비타민 B가 풍부하게 함유되어 피로 회복과 각종 염증 완화, 눈 건강에 효과적이다. 연근 속의 끈적하고 미끈거리는 뮤신은 위벽을 보호하고, 풍부한 식이섬유가 소화를 돕고 변비 예방에 도움을 준다. 숙취로 인한 위염 등에 치료 효과가 있어 남자들에게 특히 권할 만하다.

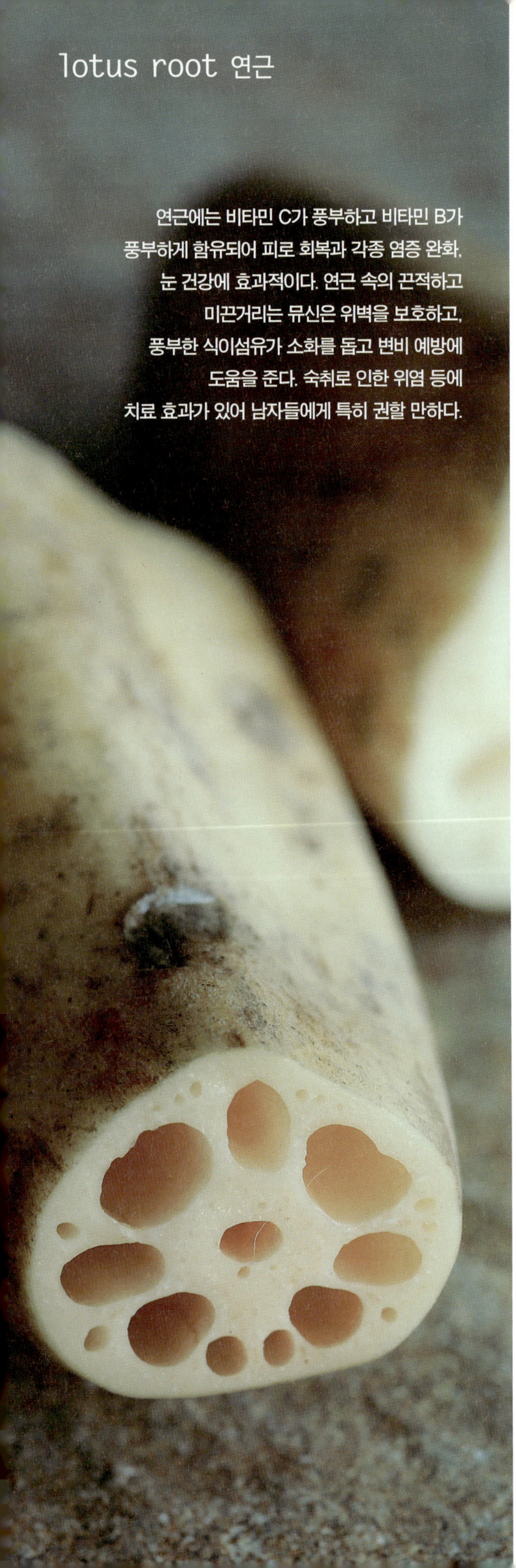

연근 새우 샐러드
lotus root shrimp salad

연근 50g 칵테일 새우 1컵 만가닥 버섯 100g 양상추 1/4통 비트 잎 50g 고수 50g 레몬 1/2개 식용유·소금·후추 약간

1. 연근은 필러를 이용해서 껍질을 얇게 벗겨낸다. 채칼을 이용해서 얇게 슬라이스한다. 그런 다음 약한 불로 달군 프라이팬에 식용유를 조금 끼얹어 연근을 살짝 노릇하게 튀겨 종이타월에 꺼내 기름기를 빼둔다.
2. 칵테일 새우는 레몬즙을 끼얹고 소금과 후추로 간을 해서 20분 정도 재워 둔다.
3. 만가닥 버섯은 손질하여 뿌리를 잘라내어 준비한다. 양상추는 먹기 좋은 크기로 썰어서 따로 준비해두고 비트 잎의 어린 속대를 뜯어 두고, 고수도 줄기는 잘라 내고 잎을 위주로 준비해둔다.
4. 커다란 볼에 칵테일 새우, 양상추, 만가닥 버섯, 비트 잎, 고수를 넣고 레몬머스터드 드레싱을 끼얹어 버무리고 소금과 후추로 간을 해서 접시에 담아낸다.
5. 4에 튀겨둔 연근을 얹어 낸다.

레몬머스터드 드레싱 lemon mustard dressing

엑스트라 버진 올리브유 4큰술 와인 식초(다른 식초로 대체 가능) 1큰술 디종 머스터드 1작은술 레몬 제스트와 즙 1/2개 분량 소금·후추 약간

1. 볼에 디종 머스터드를 먼저 넣고 레몬즙과 제스트를 넣고 와인 식초를 넣고 잘 섞어둔다.
2. 1에 엑스트라 버진 올리브유를 천천히 점차적으로 넣어가며 잘 유화 되도록 섞는다.
3. 2에 소금과 후추로 간을 하여 맛을 낸다.

lotus root+shrimp

shrimp

새우 칵테일 샐러드
shrimp cocktail salad

칵테일 새우 1/2컵 양상추 3잎 스위트 칠리소스 2큰술

1. 칵테일 새우는 깔끔하게 손질해두고 양상추는 먹기 좋은 크기로 잘라 그릇에 담아 둔다.
2. 따로 만들어 둔 살사소스를 끼얹어 먹거나 스위트 칠리소스를 찍어 먹거나 취향에 따라 즐기도록 한다.

 바질 살사 드레싱 basil salsa dressing

삼색 피망 각 1/2개씩 적양파 1/2개 토마토 1/2개
오이 1/2개 바질 채 썬 것 2큰술 엑스트라 버진 올리브유
2큰술 마늘 다진 것 2작은술 소금·후추 약간

1 삼색 피망은 깨끗하게 씻은 다음 꼭지를 떼어내고 반으로 갈라 씨를 발라내고 사방 1cm 크기로 네모지게 썰어둔다.
2 적양파도 껍질을 벗겨내고 피망 크기로 네모지게 썰어둔다.
3 토마토도 꼭지를 떼어버리고 반으로 잘라 속을 발라내고 적양파와 같은 크기로 썰어둔다.
4 오이는 끝을 잘라내고 길게 4등분한 다음 물컹한 씨는 발라내고 적양파와 같은 크기로 네모지게 썰어둔다.
5 바질 잎은 돌돌 말아서 가늘게 채로 썰어 준비한다.
6 커다란 볼에 준비해둔 살사 재료들을 한데 담고 여기에 엑스트라 버진 올리브유를 넣고 소금과 후추를 넣고 간을 한 다음 바질 채를 섞어 그릇에 담아 칵테일 새우에 곁들여 낸다.

shrimp+pasta

새우 냉 파스타 샐러드
shrimp cold pasta salad

홍새우살 1컵 푸실리 1컵 샐러리 1줄기 아삭 고추 2개
오이 1/4개 어린잎 샐러드 1컵 소금·후추 약간

1. 홍새우살은 팔팔 끓는 물에서 1분 정도 살짝 데쳐
   체에 밭쳐 물기를 빼둔다.
2. 푸실리 파스타는 팔팔 끓는 소금물에 11분 정도
   삶아낸 다음 체에 밭쳐 물기를 빼둔다.
3. 아삭 고추는 꼭지를 떼어내고 송송 썰고 어린잎
   샐러드도 깔끔하게 물기를 빼고 손질한다.
   오이는 껍질을 대강 벗겨낸 다음 4등분으로 길게
   자르고 가운데 씨를 발라낸 다음 1cm 크기로 썰어둔다.
4. 샐러리는 잎 부분을 떼어 내고 줄기의 질긴 심지를
   벗겨내고 1cm 크기로 송송 썰어둔다.
5. 커다란 볼에 준비 해둔 파스타, 홍새우와 아삭 고추,
   오이, 샐러리를 한데 넣고 화이트 와인드레싱을
   끼얹어 살살 버무려 소금과 후추로 간을 한다.
6. 5에 어린잎 샐러드를 마지막으로 넣고 살짝 더
   버무린 다음 접시에 담아낸다. 칠리소스를 찍어
   먹거나 취향에 따라 즐기도록 한다.

 화이트 와인 드레싱 white wine dressing

엑스트라 버진 올리브유 1/4컵 화이트 와인
식초 1큰술 소금·후추 약간

1 커다란 볼에 엑스트라 버진 올리브유와
  화이트 와인 식초를 한데 넣고 잘 섞어둔다.
2 1에 소금과 후추로 간을 한다.

shrimp+fish intestine

해산물 샐러드
seafoods salad

중하 1/2컵 명태 고니 100g 그린빈스 100g
톳나물(생략 가능) 50g 쌈 채소 100g 영양부추 50g
샐러드용 어린잎 100g 소금·후추 약간

1. 그린빈스도 끓는 소금물에서 살짝 데쳐 차가운 물에 헹궈 체에 밭쳐 물기를 뺀다.
2. 톳나물도 깔끔하게 손질을 한 다음 1의 끓는 물에 1분 정도 살짝 데쳐 초록빛이 날 즈음 건져 내어 차가운 물에 헹군 다음 체에 밭쳐 물기를 빼둔다.
3. 명태 고니도 2의 끓는 소금물에서 살짝 데쳐 내어 물기를 빼고 식힌다.
4. 중하를 3의 팔팔 끓는 소금물에 살짝 데쳐 낸 다음 새우 머리를 잘라 내고 꼬리 부분만 빼고 껍질을 벗겨 식힌다.
5. 쌈 채소도 깨끗하게 손질한 다음 먹기 좋은 크기로 잘라 두고, 어린잎 샐러드도 같이 준비해두고, 영양부추도 손질하여 5cm 길이로 썰어둔다.
6. 커다란 볼에 준비해둔 새우와 고니, 톳나물을 먼저 넣고 레몬 마늘 드레싱을 끼얹어 버무려둔다.
7. 6에 그린빈스와 쌈 채소, 어린잎 샐러드과 영양부추의 순으로 넣어 살살 버무려 접시에 먹음직스럽게 담아낸다.

 레몬마늘 드레싱 lemon garlic dressing

엑스트라 버진 올리브유 4큰술 깐 마늘 3쪽 레몬 제스트와 즙 1개 분량 소금·후추 약간

1 깐 마늘을 잘게 으깨듯이 다져둔다.
2 레몬의 껍질을 깨끗하게 씻은 다음 껍질 부분의 제스트를 얇게 긁어 준비해두고, 레몬의 과육은 반으로 갈라 레몬즙을 짜서 따로 준비해둔다.
3 볼에 1의 마늘과 엑스트라 버진 올리브유를 잘 섞는다.
4 3에 레몬 제스트와 즙을 마저 섞은 다음 소금과 후추로 간을 하여 드레싱을 완성한다.

crab+cauliflower

튀김 꽃게 샐러드
fried baby crab salad

작은 꽃게 1컵 (튀김가루 2큰술 식용유 2컵
파슬리 가루 1작은술) 맛살(혹은 게맛살) 100g
콜리플라워 1/4송이 양상추 1/2통 베이비 양배추(생략 가능)
6개 어린잎 샐러드 100g 소금·후추 약간

1. 작은 꽃게는 깨끗하게 씻은 다음 튀김가루를 고루 묻혀
   중불에서 적당히 달구어진 기름에서 바삭하게
   튀겨낸 다음 종이 타월에 얹어 기름기를 빼고 파슬리
   가루를 뿌리고 소금과 후추로 간을 한다.
2. 콜리플라워는 손질하여 작은 송이로 나눠 살짝
   데친 다음 찬물에 식혀 물기를 빼둔다. 양상추도
   한 장씩 뜯은 다음 깨끗하게 씻어 물기를 빼둔다.
   베이비 양배추도 지저분한 겉잎은 뜯어 버리고 반으로
   잘라 잎을 한 장씩 떼어 준비한다.
3. 어린잎 샐러드는 깨끗이 손질하여 따로 준비하여 둔다.
4. 게살은 잘게 찢어 준비한 다음 종이 타월을
   이용하여 게살의 물기를 없앤다.
5. 커다란 볼에 준비해둔 콜리플라워, 게살, 베이비
   양배추 등을 한데 넣고 마늘 마요네즈 드레싱으로
   잘 버무려서 소금과 후추로 간을 한다.
6. 커다란 접시에 양상추를 통째로 담고 여기에 잘
   버무려둔 5를 소담스럽게 담고 바삭하게 튀겨둔 작은
   꽃게 튀김을 얹고 어린잎 샐러드를 뿌려낸다.

마늘 마요네즈 드레싱
garlic mayonnaise dressing

마요네즈 3큰술 사워크림 1큰술 디종 머스터드 2작은술
설탕 1/2작은술 구운 마늘 3쪽 소금·후추 약간

1 깐 마늘 3쪽 정도를 프라이팬에 기름 없이 굽는다.
  구워도 괜찮지만 강한 마늘 향을 즐기고 싶다면
  생마늘을 그대로 써도 좋다.
2 믹서기에 마요네즈, 사워크림, 디종 머스터드,
  설탕, 구운 마늘 등을 한꺼번에 넣고 부드럽게
  갈아서 마늘 마요네즈 드레싱을 완성한다.
3 마지막으로 소금과 후추로 간을 한다.

oyster 굴

석화 플레이트
fresh oyster plate

석화 12개 해초 모둠 200g 적양파 1/4개

1. 석화는 속을 까서 파는 굴보다는 손질을 해야 하는 번거로움은 있지만 훨씬 신선하고 감칠맛이 강하다. 석화는 흐르는 물에서 충분히 씻어 불순물을 완전히 없앤 다음 껍질을 깐다.
2. 적양파는 껍질을 벗겨내고 잘게 다져둔다.
3. 해초는 엷은 소금물에 흔들어 씻어 불순물을 없애고 잘 헹궈서 체에 밭쳐 물기를 빼둔다.
4. 3에 레드와인 식초 드레싱으로 살짝 버무려둔다.
5. 접시에 석화 손질하여 깐 것을 얹고 해초를 같이 곁들여 낸다.
6. 5에 적양파 다진 것을 굴에 먼저 뿌려 얹고 레드와인식초 드레싱을 살짝 끼얹어 낸다.

굴은 남성호르몬인 테스토스테론을 만드는 데 도움이 되는 아미노산과 아연이 풍부하다. 아연, 셀레늄, 철분, 칼슘은 물론 비타민 A, D 등이 풍부하다. 동서양을 막론하고 남자를 위한 최고의 스태미나 식품으로 알려져 있다. 요즘은 일 년 내내 굴을 즐길 수 있긴 하지만 겨울철이 제철인 굴이 가장 맛이 좋고 신선하다.

 레드와인식초 드레싱
red wine vinegar dressing

엑스트라 버진 올리브유 4큰술 레드와인 식초 4큰술
설탕 1큰술 마늘즙 1작은술 소금·후추 약간

1 볼에 레드와인 식초와 설탕을 한데 넣고 설탕이 녹을 때까지 잘 저어둔다. 물론 레드 와인 식초는 와인과 비슷한 향을 내어 그대로 즐겨도 맛있다.
2 1에 엑스트라 버진 올리브유를 조금씩 섞어 가며 잘 유화되도록 휘젓는다.
3 2에 마늘즙을 약간 넣어 섞은 다음 소금과 후추로 간을 한다.

oyster+sea plant

세발나물 굴 샐러드
tripod vegetable oyster salad

굴 300g 세발나물 100g 톳나물 100g 모둠 해초 100g
쌈 채소 100g 마늘 다진 것 1작은술

1. 굴은 물에 살살 흔들어가며 불순물을 없애고 깔끔하게
   씻어 체에 밭쳐 물기를 빼둔다.
2. 세발나물은 흐르는 물에 흔들어 씻어 깨끗하게
   손질하여 체에 밭쳐 물기를 빼둔다.
3. 톳나물과 모둠 해초도 각각 물에 흔들어 씻어
   불순물을 없애 둔다. 톳나물은 팔팔 끓는 물에서
   살짝 데쳐 초록빛으로 변하면 건져내어 찬물에 담가
   식힌 후 체에 밭쳐 물기를 없앤 다음 꼭 짠다.
   모둠 해초도 맑은 물에 헹궈 건진 다음 물기를 빼둔다.
4. 쌈 채소는 취향껏 준비하여 깨끗하게 손질한 다음
   돌돌 말아서 채로 썰어둔다.
5. 커다란 볼에 손질해둔 세발나물, 톳나물, 해초를 한데
   넣고 핫 칠리 드레싱으로 살살 버무려준다.
6. 5에 굴과 채로 썰어둔 쌈 채소를 마저 넣고
   새콤달콤하게 버무려 접시에 소담스럽게 담아낸다.

핫 칠리 드레싱 hot chilli dressing

스위트칠리소스 3큰술 스리라차 1작은술 사과식초
1작은술 엑스트라 버진 올리브유 1큰술 적양파 다진 것
1작은술 마늘 다진 것 1작은술 소금·후추 약간

1. 커다란 볼에 스위트 칠리소스, 스리라차를 넣고
   잘 섞어준다.
2. 1에 사과즙과 식초와 설탕을 넣고 설탕이 녹을
   정도로 잘 섞어 준 다음 엑스트라 버진 올리브유를
   조금씩 넣어가며 잘 섞는다.
3. 여기에 잘게 다져둔 적양파와 마늘즙을 넣고
   마저 잘 섞는다.
4. 3에 소금과 후추로 입맛에 맞게 간을 맞춘다.

asparagus 아스파라거스

아스파라거스의 쌉쌀한 맛은 아스파라젠산으로 몸의 신진대사와 단백질 합성을 도와주어 피로회복과 자양강장의 효과가 있다. 특히 숙취로 피로한 남성들에게 더욱 효과적인 슈퍼푸드로 손꼽는다. 혈압을 낮추는 작용도 있으므로 고혈압 예방에도 효과가 있는 루틴 성분도 다량 함유하고 있어서 특히 남자들에게 추천할만하다.

아스파라거스 우렁 샐러드
asparagus snail salad

아스파라거스 6줄기 우렁 70g 만가닥 버섯 50g 샐러리 1줄기 딜 4줄기 적양파 1/4개 베이컨 2줄기 소금·후추 약간

1. 아스파라거스는 밑동 3cm을 잘라내고 채칼로 껍질을 살짝 벗겨내고 팔팔 끓는 소금물에 데쳐 내어 5cm 길이로 잘라둔다.
2. 베이컨은 중불에서 바닥이 두꺼운 팬에서 기름기가 빠질 정도로 바삭하게 구워 둔다.
3. 만가닥 버섯은 손질을 한 다음 5cm 길이로 줄기를 잘라둔다.
4. 우렁은 옅은 소금물에서 흔들어 불순물을 없애고 깔끔하게 헹궈준 다음 물기를 뺀다.
5. 샐러리는 잎 부분을 떼어 내고 줄기의 질긴 심줄을 벗겨내고 1cm 크기로 송송 썰어둔다.
6. 적양파도 껍질을 벗겨내고 손질한 다음 잘게 다져두고 딜도 송송 썰어둔다.
7. 커다란 볼에 손질해 둔 모든 재료들을 한데 넣고 와사비 마요네즈 드레싱을 끼얹어 먹음직스럽게 잘 버무려 접시에 담아낸다.

와사비 마요네즈 드레싱
wasabi mayonnaise dressing

와사비 1작은술 마요네즈 3큰술, 레몬즙 2작은술, 설탕 1작은술
엑스트라 버진 올리브유 2작은술

1. 볼에 레몬즙과 설탕을 넣어 녹을 때까지 잘 섞다가 와사비를 짜서 넣어 마저 섞는다. 가루 타입을 쓰는 경우에는 물을 약간 넣고 미리 잘 풀어 두었다가 쓴다.
2. 1에 와사비와 마요네즈를 넣고 잘 섞어준다. 취향에 따라 톡 쏘는 와사비의 맛을 즐기는 경우에는 와사비의 양을 더해도 좋다.
3. 2에 엑스트라 버진 올리브유를 섞어 부드러운 맛을 가미하여 와사비 드레싱을 완성한다.

asparagus+snail

vegetable+herb

quinoa+mushroom

구운 채소 샐러드
grilled vegetables salad

감자 1개 홍피망 1/2개 애호박 1/2개 대파 1/4대
파르메산 치즈 채 썬 것 2큰술 고수 50g 베이컨 2줄
양상추 4잎 식용유·소금·후추 약간

1. 홍피망은 꼭지를 떼어내고 씨를 발라낸 다음
   길쭉하게 이등변 삼각형 모양으로 썬다.
2. 감자는 수세미를 이용해서 껍질을 빡빡 씻은 다음
   헹궈 동글동글 껍질째 썰어둔다.
3. 애호박은 꼭지와 끝부분을 잘라내고 감자와 같은
   모양으로 동글동글하게 슬라이스한다.
4. 베이컨은 물기를 종이타월로 걷어낸 다음
   가늘게 채로 썬다.
5. 대파는 깔끔하게 손질한 다음 5cm 길이로 썰어둔다.
6. 잘 달구어진 그릴 팬에 식용유를 약간 두른 다음
   손질해둔 채소들을 그릴 마크가 날 정도로
   적당히 굽는다.
7. 볼에 잘 구워둔 채소들을 한데 넣고
   발사믹 비네거 드레싱으로 살짝 버무리고 소금과
   후추로 적당히 간을 한다.
8. 샐러드 그릇에 한 장씩 따로 떼어둔 양상추 잎을
   먼저 담고 그 속에 6의 버무려둔 채소를 담고
   고수와 채 썬 파르메산 치즈를 얹어 낸다.

발사믹 비네거 드레싱
balsamic vinegar dressing

엑스트라 버진 올리브유 4큰술 발사믹 식초 2작은술
소금·후추 약간

1 볼에 발사믹 식초를 먼저 넣고 엑스트라 버진
  올리브유를 조금씩 떨어뜨려가며 잘 섞는다.
2 1에 소금과 후추로 적당히 간을 한다.

퀴노아 버섯 샐러드
quinoa mushroom salad

새송이버섯 2송이 퀴노아 1컵, 물 2컵
그린빈스 100g 호두 2큰술 방울토마토 1/2컵 라디치오
4잎 양상추 4잎 소금·후추 약간

1. 퀴노아를 잘 씻은 후 고운체로 밭쳐 퀴노아 1컵에
   물 2컵을 붓고 강한 불에서 끓인다.
   팔팔 끓기 시작하면 중불로 줄여 15분 정도 끓인다.
   수분이 거의 졸아들 무렵 눋지 않도록 잘 저어가며
   수분을 없애 꼬들꼬들하게 완성한다.
2. 새송이버섯은 밑동은 잘라버리고 종이타월로 털어
   깔끔하게 손질해둔다.
3. 그린빈스는 꼭지를 잘라내고 질긴 심지를 벗겨 낸
   다음 팔팔 끓는 소금물에 1분 정도 데친 다음
   차가운 물에 담가 식혀 물기를 빼둔다.
4. 방울토마토는 꼭지를 떼어내고 씻은 다음 반으로
   잘라둔다.
5. 라디치오와 양상추는 한 잎 씩 따로 떼어 씻은 다음
   물기를 완전히 빼둔다.
6. 볼에 준비해둔 채소들을 한데 담고 파인애플
   머스터드 드레싱을 끼얹어 버무린다.
7. 6에 퀴노아를 마저 넣어 버무린 다음 샐러드 볼에
   소담스럽게 담고 호두를 잘게 부숴 얹어 낸다.

파인애플 머스터드 드레싱
pineapple mustard dressing

엑스트라 버진 올리브유 4큰술 파인애플 식초(다른
식초로 대체 가능) 2큰술 디종 머스터드 1작은술
소금·후추 약간

1 볼에 파인애플 식초와 디종 머스터드를 넣고
  잘 섞어둔다.
2 1에 엑스트라 버진 올리브유를 조금씩 넣어가며
  잘 섞는다.
3 2에 소금과 후추로 적당히 간을 하여 완성한다.

potato+egg

해시브라운 수란 샐러드
hash brown poached egg salad

해시브라운 (시판용)4개 달걀 4개 양상추 3잎
고수 200g 베이컨 4줄 파프리카 가루 1작은술
바질 가루·식용유·소금·후추 약간씩

1. 해시브라운은 냉동해서 판매하는 시판용을
   이용할 경우에는 잘 달구어진 팬에 식용유를 넉넉히
   두르고 노릇노릇하고 바삭하게 구워 종이타월에
   얹어 기름기를 빼둔다.
2. 베이컨은 중불에서 서서히 바삭하고 노릇하게 구워둔다.
3. 양상추와 고수는 깨끗하게 손질한 다음 씻어
   물기를 빼둔다.
4. 냄비에 물을 넉넉하게 붓고 식초를 3큰술 정도 넣어
   끓으면, 달걀을 작은 볼에 하나씩 깨어 넣고
   한 방향으로 돌려가며 익혀 수란의 모양을 잡아
   어느 정도 익으면 건져 물기를 빼둔다.
5. 접시에 해시브라운을 먼저 얹고 양상추와 고수에
   샬롯 드레싱을 끼얹어 살짝 버무린 다음 곁들인다.
6. 해시브라운 위에 수란을 2개 얹고 파프리카 가루나
   바질 가루를 한 꼬집 뿌린다.
7. 마지막으로 바삭하게 잘 구운 베이컨을 얹고
   소금과 후추로 간하여 샐러드를 완성한다.

샬롯 드레싱 shallot dressing
휘핑크림 2큰술 샬롯 1개 디종 머스터드 1작은술
화이트와인 식초 1작은술 설탕 약간 소금·후추 약간

1 샬롯은 껍질을 벗기고 깔끔하게 손질하여 아주
  잘게 다진다.
2 볼에 1의 다진 샬롯을 넣고 휘핑크림, 머스터드,
  식초를 한데 넣고 잘 섞어둔다.
3 2에 소금과 후추 그리고 약간의 설탕을 넣고
  맛을 내어 드레싱을 완성한다.

너트 샐러드
mixed nuts salad

비트 1/4개 콜라비 1/4개 오이 1/4개 적양배추 1잎 대파 1/2대
아몬드 슬라이스 1큰술 퀴노아·샬롯 튀긴 것 각 1큰술씩
해바라기씨 1작은술 건포도 1작은술 흑임자 1/2작은술

1. 비트는 팔팔 끓는 물에 삶은 다음 껍질을 벗겨내고
   채로 썰어둔다.
2. 콜라비는 깨끗하게 손질한 다음 껍질째 비트와 같은
   모양으로 채 썰어둔다.
3. 오이도 깨끗이 씻어 반으로 어슷하게 동글동글 썰어
   채로 썰어둔다.
4. 적양배추도 한 장을 준비하여 가늘게 채로 썬다.
5. 대파도 겉껍질을 벗겨내고 어슷어슷 가늘게 썰어둔다.
6. 볼에 준비해둔 재료들을 한데 넣고 유자마요네즈
   드레싱을 버무린 다음 퀴노아, 샬롯 튀긴 것과
   해바라기씨, 아몬드 슬라이스, 건포도 등을 마저 넣고
   드레싱을 조금 더 끼얹어 버무린 다음 접시에 담아낸다.
7. 6에 마지막으로 흑임자를 뿌려낸다.

유자마요네즈 드레싱
citron mayonnaise dressing

유자청(혹은 유자 마멀레이드) 2작은술 마요네즈 3큰술
오렌지 즙(생략 가능) 1큰술씩 소금·후추 약간

1 유자청이나 유자 마멀레이드의 굵은 유자 건더기는
  건져서 잘게 다진다.
2 오렌지 즙과 1을 볼에 넣고 잘 섞은 다음 마요네즈를
  넣고 충분히 잘 섞는다.
3 2에 소금과 후추로 간을 하여 완성한다.

meat+greens

그린포크샐러드
green pork salad

통 삼겹살 300g 그린빈스 100g 적 치커리 100g 어린 시금치 잎 100g 파 50g 레몬즙과 제스트 1작은술씩 엑스트라버진 올리브유 2큰술 소금·후추 약간

1. 홀그레인 머스터드 오이스터 드레싱으로 먼저 통 삼겹살을 20분 정도 재워둔다.
2. 잘 달궈진 그릴 팬을 중불 정도에서 재워둔 삼겹살을 통째로 뒤집어 가며 노릇하게 구운 다음 통 삼겹살의 육즙이 안으로 스며들도록 5분 정도 그대로 둔다.
3. 그린빈스는 깍지의 꼭지를 떼어내고 심지를 당겨서 떼어내고 올리브유로 살짝 버무린 다음 그릴 팬 위에서 마크가 생길 정도로 굽는다.
4. 녹색 채소인 치커리, 어린 시금치 잎을 엑스트라 버진 올리브유와 레몬즙으로 살짝 버무린 다음 소금과 후추로 간을 한다.
5. 접시에 4의 그린 샐러드를 먼저 담고 그릴 구이해둔 그린빈스도 곁들인다.
6. 2의 통 삼겹살을 먹기 좋게 썰어서 5 위에 가지런히 얹어 드레싱을 고기 위에 살짝 한 번 더 끼얹는다.
7. 여기에 송송 썬 파와 레몬 제스트를 뿌려 낸다.

홀그레인 머스터드 오이스터 드레싱
whole grain mustard oyster dressing

굴 소스 3큰술 맛술 1큰술 배즙 1/4개 분량
마늘 다진 것 1작은술 홀그레인 머스터드 1작은술
참기름 1큰술 황설탕 1작은술

1 커다란 볼에 굴 소스와 배즙, 맛술, 황설탕을 먼저 넣고 설탕이 녹을 때까지 섞는다.
2 1에 다진 마늘과 홀그레인 머스터드를 넣고 마저 섞은 다음 참기름을 섞는다.
3 2에 엑스트라 버진 올리브유도 조금 섞어 완성한다.

meat+purple vegetable

치킨 양배추 샐러드
chicken cabbage salad

닭 날개 튀김 600g(튀김가루 1/2컵 카레가루 1작은술 물 1컵
식용유 4컵 소금·후추 약간)적양배추 4잎
콜리플라워 1/4개 아몬드 1큰술 호두 1큰술 흑임자 1작은술
적 치커리 100g 실고추 1작은술

1. 튀김가루와 카레가루에 물을 넣고 섞은 다음 소금과 후추로 간을 맞춘 닭 날개 튀김옷을 10분 정도 그대로 두어 살짝 숙성 시킨 다음 닭 날개를 넣고 묻힌다.
2. 튀김용 식용유를 섭씨 160도(튀김옷 반죽을 한 두 방울 떨어뜨렸을 때 거품을 내며 떠오를 정도)로 예열한 다음 닭 날개를 노릇하게 초벌로 튀겨낸 다음 종이 타월에 얹어 기름기를 빼둔다.
3. 적양배추는 한 장씩 떼어내어 가늘게 채로 썰고, 콜리플라워는 깨끗하게 손질하여 작은 송이로 나눠 둔다.
4. 아몬드와 호두는 마른 팬을 적당히 달궈 살짝만 바삭하도록 구워 낸 다음 적당한 크기로 잘게 부서뜨려 둔다.
5. 적 치커리는 손질하여 씻어 물기를 빼둔다.
6. 초벌 튀김을 한 닭 날개는 다시 한 번 1분 정도만 다시 튀겨 바삭한 식감을 더한 다음 바로 꺼내 종이타월로 기름기를 한 번 더 뺀 다음 뜨거울 때 스위트 칠리 치킨 드레싱으로 먹음직스럽게 잘 버무려 둔다.
7. 접시에 채 썰어둔 적양배추와 콜리플라워, 적 치커리 등 샐러드 채소를 먼저 소담스럽게 담고 그 위에 양념한 닭 날개 튀김을 얹어 담는다. 여기에 4의 견과류와 흑임자를 먹기 좋게 뿌리고 실고추를 얹어 낸다.

스위트 칠리 치킨 드레싱
sweet chili chicken dressing

스위트 칠리소스 4큰술 엑스트라 버진 올리브유 1큰술
마늘 다진 것 1큰술 설탕 1큰술 맛술 1큰술 진간장 1큰술
토마토 케첩 2큰술 사과 식초 2작은술 소금·후추 약간

1. 커다란 볼에 스위트 칠리소스, 설탕, 엑스트라 버진 올리브유를 한데 섞어 설탕이 녹을 정도로 섞는다.
2. 1에 간장, 맛술, 마늘 다진 것, 토마토 케첩, 식초를 넣고 마저 잘 섞어둔다.
3. 2에 물엿을 넣고 윤기와 달콤함을 더하여 소금과 후추로 살짝 간하여 완성한다.

meat+mushroom

데리야키 치킨 샐러드
teriyaki chicken salad

엑스트라 버진 올리브유 3큰술 닭다리 살 300g 표고버섯
1/2컵 대파 1/2대 통깨 1큰술 샐러드용 쌈 채소 200g
나무꼬치 6개 레몬즙 1작은술 소금·후추 약간

1. 닭다리 살은 뼈를 발라낸 다음 칼등으로 두들겨
   사방 3cm 크기로 썰어둔다.
2. 샐러드용 쌈 채소는 취향껏 선택해서 흐르는 물에서
   깨끗하게 씻은 다음 체에 밭쳐 물기를 완전히 빼둔다.
   그런 다음 먹기 좋은 크기로 잘라둔다.
3. 대파는 지저분한 겉잎은 떼어 버리고 깨끗하게
   손질하여 3cm 길이로 잘라둔다.
4. 표고버섯도 손질하여 3cm 크기로 잘라둔다.
5. 나무꼬치는 물에 10분 정도 담갔다가 물기를 없애둔다.
6. 데리야키 드레싱(시판용으로 대체 가능)을
   준비해두었다가 1의 닭다리 살과 3의 대파에 버무려
   젖은 나무꼬치에 닭다리살, 대파, 표고버섯을
   켜켜이 꽂아 꼬치로 만들어 둔다.
7. 잘 달구어진 팬에 기름을 살짝 두른 다음 약한 불에서
   닭꼬치를 앞뒤로 뒤집어 가며 노릇노릇하게 구워낸다.
   이때 드레싱을 조금씩 덧발라 가며 먹음직스럽고
   윤기나게 구워낸다. 이때 가능하다면 토치로 겉을
   살짝 더 구워 불맛을 낸다면 금상첨화.
8. 준비해둔 2의 샐러드에 엑스트라 버진 올리브유와
   레몬즙을 뿌리고 소금과 후추로 간을 하여 버무려
   접시에 먼저 담는다.
9. 7의 닭꼬치에 통깨를 뿌려서 8위에 얹어 낸다.

데리야키 드레싱 teriyaki dressing

진간장 1/4컵 배 1/4개 무 1/5개 통계피 1/4개 월계수잎 1장
통후추 5알 흑설탕 1/4컵 청주 1/4컵 물엿 1/4컵
양파 1/2개 대파 1/2대 깐 마늘 5쪽 치킨 육수 1컵

1 양파는 손질하여 큼직하게 깍둑썰기 해둔다.
2 대파는 지저분한 겉잎은 떼어 버리고 5cm 길이로 자른다.
3 바닥이 두꺼운 냄비에 치킨육수와 진간장, 청주를
  넣고 흑설탕을 넣어 녹을 정도로 휘 저어 준 다음
  배와 무를 깨끗하게 손질한 다음 껍질째 넣는다.
4 3을 강한 불에서 가열하여 끓기 시작하면
  월계수 잎, 통계피, 양파, 대파, 깐 마늘을 넣고
  한 번 더 팔팔 끓인다.
5 4가 다시 끓기 시작하면 2/3 정도로 소스의 양이
  졸여지도록 약불에서 은근히 끓인 다음 면보에
  걸러 맑은 소스를 걸러내고 건더기는 버린다.
6 5의 맑은 소스를 다시 냄비에 넣고 뭉근히 끓이다가
  물엿을 넣고 적당히 걸쭉해지면 불을 끄고
  식혀 완성한다.

02

super food
salads for
women

여자에게 특히 좋은
슈퍼푸드 10가지

그린빈스

자몽 오이
사과 고추

래디시 해초
달걀 석류

양배추

건강미 넘치는 여자를 위한
슈퍼곡물 TOP 6

다양한 잡곡류들은 식이섬유가 풍부해 거칠한 식감으로 오랫동안 씹어 과식을 방지해 다이어트에도 도움이 된다. 특히 식이섬유가 풍부해 배변활동을 돕는다. 잡곡류에는 산화 지방산이 들어있어 보관할 때는 반드시 공기가 닿지 않도록 밀봉을 하여 냉장 보관하는 것이 맛과 영양소를 보존하는 보관방법이다. 잡곡류는 삶거나 쪄서 그대로 먹거나 볶은 다음 끓여서 차로 즐기기도 한다.
특히 식이섬유가 풍부해 혈당량을 조절하고 혈당상승을 억제하고 비타민과 무기질이 풍부하다.

1 팥 스태미나 식품으로 열량도 풍부하지만 단백질, 비타민B 군, C, E 등이 다량 함유되어 있어 항산화 작용을 해 피부노화를 막아준다. 그리고 식이섬유, 아연, 철분, 칼슘도 풍부해서 변비에도 좋다. 팥 속 칼륨은 몸속의 나트륨을 몸 밖으로 배출해 고혈압을 예방한다. 얼굴의 부기를 막아주고 몸을 가볍고 튼튼하게 해주는 건강식품이다.

2 병아리 콩 식이섬유가 풍부한 병아리 콩은 삶아서 으깨어 소스로 쓰거나 샐러드, 수프 등에 다양하게 활용되고 있다. 우리나라에서는 말린 콩 상태로 주로 판매되고 있는데 간혹 통조림 상태로 판매되는 것도 있다. 통조림의 병아리 콩은 맛이 약간 시큼해 소스를 만들 때 이용하는 것이 좋다. 단백질, 칼슘이 풍부하고 항산화 성분과 식이섬유가 많아 피부노화방지는 물론 다이어트에도 좋다.

3 서리태 검정콩은 노화방지 성분이 일반 콩에 비해 4배 이상 많고 성인병 예방과 다이어트 효과가 있다. 특히 신장에 좋아 부종을 없애고, 혈액 순환을 활발하게 하는 디톡스 효과가 뛰어나다. 모발 성장의 필수 성분인 시스테인이 많아 탈모 예방 효과가 있고 몸의 통풍을 막고, 관절 통증을 완화시키는 효과가 있다. 장의 운동도 활발하게 해주어 변비예방은 물론 아름다운 몸매를 가꾸는데 매우 도움이 된다.

4 혼합미 현미 속의 수용성, 불용성 식이섬유는 당분을 몸에 서서히 흡수하게 만들기 때문에 다이어트에 매우 효과적이다. 변비는 물론 동맥경화 예방하고, 현미의 눈에 들어 있는 리놀레산은 혈관 건강에 유익하고 노화를 방지하므로 피부미용에도 그만이다. 흑미는 항암 효과는 물론 항산화의 효과가 있는 수용성 색소 안토시아닌이 검은콩보다 4배 이상 들어있다. 다양한 무기질과 비타민 B군도 일반 쌀보다 5배 이상 들어있다. 노화를 비롯한 여러 가지 질병을 일으키는 체내의 활성산소를 중화시키고 성인병 예방에 그만이다.

5 퀴노아 일반 쌀보다는 작고 좁쌀 크기의 동그란 모양이 특징으로 붉은색, 갈색, 검정색 등 다양한 색을 가지고 있다. 슈퍼푸드로 각광받는 퀴노아는 쌀의 2배가 넘는 고단백 건강식으로 밥에 섞어 먹으면 부족하기 쉬운 단백질과 다양한 영양소를 보충해준다. 뼈에 좋은 칼슘, 칼륨이 풍부하고 비타민B와 엽산이 풍부하다.

6 보리 옛날에는 쌀보다 재배하기 쉬워 구황식품으로만 여겨졌던 보리가 그 속에 식이섬유가 다량 함유되어 최고 천연강장제이며 혈당조절에 도움이 되는 슈퍼곡물로서의 가치 재평가로 새삼 부각되고 있다. 보리는 톡톡 씹히는 식감이 좋고 오랫동안 씹어야 하므로 소화에도 좋고 파스타 중에서 쿠스쿠스와 같이 쪄서 곁들이면 샐러드와 다른 요리와도 잘 어울린다.

beet 비트

비트 샬롯 샐러드
beet shallot salad

비트 1개 샬롯 4개 고수 100g 소금·후추 약간

1. 바닥이 두꺼운 팬에 물을 붓고 황설탕, 발사믹 식초, 소금을 넣고 비트를 삶는다. 칼이나 젓가락으로 비트를 찔러보아 쑥 들어가면 다 익은 것이다.
   불을 끄고 비트 삶은 냄비에 비트를 그대로 10분 정도 그대로 두었다가 물을 따라 버린다.
2. 비트는 껍질을 벗겨내고 반으로 자르고, 반달 모양으로 모양내어 썰어둔다.
3. 2가 따뜻할 때 발사믹 버터 드레싱으로 버무려 둔다.
4. 샬롯은 껍질을 벗겨내고 채칼을 이용해 얇게 동글동글 슬라이스한다.
5. 고수도 줄기를 잘라내고 손질한 다음 흐르는 물에 가볍게 씻어 물기를 빼둔다.
6. 3의 비트를 담은 접시에 샬롯과 고수를 얹어 낸다.

발사믹 버터 드레싱
balsamic butter dressing

발사믹 식초 1/2컵 황설탕 1/3컵 버터 3큰술 소금 2작은술

1 바닥이 두꺼운 팬에 발사믹 식초와 황설탕을 넣고 설탕이 녹을 때까지 저은 다음 약한 불에 넣고 그 양이 반으로 줄어들 때까지 뭉근히 졸인다.
2 1에 버터를 넣고 부드럽게 윤기나게 해준 다음 소금으로 간을 하여 완성한다.

비트는 비타민 A와 칼륨, 철분과 섬유질이 풍부하고
베타시아닌이 많이 함유되어 있다. 특히 고혈압과
비만을 예방하고 무기질이 풍부하여 남자들의
자양강장 효과는 물론 피부미용에도 좋다.
비트 속에는 빈혈을 예방하고 적혈구의 생성을 돕는
철분이 다량 들어있어 여자들에게 더 효과적이다.
뿌리채소인 비트는 물론 비트의 잎도 샐러드 쌈 채소로
인기가 있으며 쌉쌀한 맛과 아삭한 식감이 일품이다.

beet

비트 딜 샐러드
beet dill salad

비트 1개 아삭 고추 2개 딜 100g
엑스트라 버진 올리브유 1작은술 소금 약간

1. 비트는 팔팔 끓는 소금물에 넣어 푹 삶는다. 칼이나 젓가락으로 찔러보아 쑥 들어가면 다 익은 것으로 불을 끄고 바로 꺼내지 말고 10분 정도 그대로 둔다.
2. 1의 물을 따라 버리고 비트를 건져낸다. 이때 비트물이 많이 배어 나오므로 종이타월을 깔아준다. 껍질을 벗겨내고 먼저 반으로 자르고, 반달 모양으로 모양내어 썰어둔다.
3. 딜은 줄기를 잘라내고 잎을 따로 떼어낸다.
4. 아삭 고추는 깨끗하게 씻은 다음 꼭지를 떼어내고 송송 썰어둔다.
5. 커다란 볼에 크림요구르트 드레싱으로 살살 버무린 다음 접시에 담는다.
6. 5에 엑스트라 버진 올리브유를 살짝 뿌리고, 송송 썬 고추와 딜을 얹어 식감과 향을 더해 낸다.

크림요구르트 드레싱
cream yogurt dressing

크림치즈 70g 플레인 요구르트 4큰술 오렌지
제스트 1작은술 소금 약간

1 믹서기에 분량의 크림치즈를 넣고 오렌지의 껍질을 벗겨 잘게 썰어둔 제스트 뿌려 부드럽게 섞는다.
2 1에 플레인 요구르트를 마지막으로 넣어 걸쭉하게 섞은 다음 여기에 소금으로 간을 한다.

pomegranate 석류

석류 베리 샐러드
pomegranate berry salad

석류 1개 블루베리 1/2컵 체리 1/4컵 자몽(메리골드) 1/4개
생모차렐라 치즈 50g 상추 3잎

1. 석류는 껍질을 깨끗하게 씻은 다음 4등분하여 쪼갠 다음 석류 알갱이를 툭툭 쳐가며 털어낸다.
2. 체리는 꼭지를 떼어내고 블루베리와 흐르는 물에 씻어 체에 밭쳐 물기를 빼둔다. 체리는 반으로 잘라 씨를 발라낸다.
3. 생모차렐라 치즈는 사방 1cm 크기로 깍둑썰기 해둔다.
4. 자몽도 껍질을 벗겨내고 과육만을 따로 발라내고 남은 과육은 즙을 짜내고 따로 두었다가 드레싱을 만드는데 이용한다.
5. 상추는 한 잎씩 따로 떼어 깨끗하게 씻어 물기를 뺀 다음 먹기 좋은 크기로 잘라둔다.
6. 커다란 볼에 손질해둔 재료들을 한데 넣고 자몽 허니 드레싱을 끼얹어 살살 버무려서 먹음직스럽게 투명한 컵이나 접시에 담아낸다.

 자몽 허니 드레싱 grapefruit honey dressing

자몽(메리골드) 1/2개 꿀 1작은술 엑스트라 버진
올리브유 3큰술 소금 약간

1 자몽은 깨끗하게 씻은 다음 껍질을 벗기고 과육은 발라내어 샐러드에 섞고 남은 과육은 즙으로 꼭 짜서 담아둔다.
2 볼에 1의 자몽즙과 꿀을 넣고 잘 섞은 다음 여기에 엑스트라 버진 올리브유를 조금씩 넣어가며 잘 섞어둔다.
3 마지막으로 소금으로 간을 하여 완성한다.

여자들에게 가장 좋은 신비의 과일이라고 해도
지나치지 않은 석류에는 천연식물성 에스트로겐이 들어있어
여성호르몬의 활성화에 도움이 된다. 새콤한 맛을 내는
시트르산, 비타민 B1,B2도 들어있다. 껍질에는 감과
같은 떫은 맛의 타닌이 충분히 들어있어 고혈압, 동맥경화
예방에도 좋다. 석류는 석류즙으로 가장 많이 애용되며
그 밖에도 샐러드나 주스 그리고 차로 즐기면 좋다.

berries 베리

식이섬유와 항산화 성분, 다양한 비타민, 무기질이 다량 함유되어 있는 베리류. 특히 안토시아닌 성분은 노화를 방지하고 시력을 강화해주고 폴리페놀이라는 성분은 콜레스테롤을 감소시켜주는 효과가 있다. 피부를 맑게 해주고 저칼로리로 포만감을 주어 다이어트에 좋아 특히 아름다운 몸매를 원하는 여자들에게 좋은 슈퍼푸드이다.

믹스 베리 오트밀 샐러드
mixed berries oatmeal salad

오트밀 2큰술 햄프씨드 1큰술 퀴노아 튀긴 것(생략 가능) 1작은술 블루베리·체리·딸기 1/4컵씩
아몬드·건포도·말린 크랜베리 1작은술씩 꿀 1큰술
플레인 요구르트 1컵 우유 약간

1. 마시는 플레인 요구르트 1컵을 볼에 넣고 오트밀을 넣는다.
2. 1을 저어 랩으로 덮어 냉장고에 1시간 이상 둔다. 잠자기 전에 미리 만들어 넣어 냉장고에 하루저녁 넣어 두었다가 다음날 아침에 먹어도 좋다.
3. 오트밀이 어느 정도 불면 걸쭉한 상태를 보아 너무 걸쭉한 것이 싫다면 우유를 섞어 취향에 맞게 농도를 맞춘다.
4. 베리류는 흐르는 물에 깔끔하게 씻은 다음 체에 밭쳐 물기를 빼둔다.
5. 3에 꿀을 넣고 달콤함을 더한 다음 컵에 담고 4의 베리류는 한데 넣어도 좋고 접시에 따로 곁들여 내도 좋다.
6. 오트밀은 먹기 직전에 햄프씨드와 견과류와 건포도나 말린 크랜베리를 뿌려 같이 먹으면 식감은 물론 영양만점의 샐러드로 즐길 수 있다.

berries+yogurt

베리베리 샐러드
mixed berries salad

딸기 1컵 블루베리 1/2컵 용과(드래건 프루츠) 1개 키위 1개
꽃사과(혹은 사과) 1/2컵 생모차렐라 치즈 50g

1. 딸기는 꼭지가 싱싱한 것으로 골라 흐르는 물에 흔들어
   씻은 다음 체에 밭쳐 물기를 뺀다. 그런 다음 꼭지는
   떼어버리고 반으로 잘라둔다.
2. 꽃사과도 깨끗하게 씻은 다음 이등분으로 잘라두고,
   블루베리도 씻어 물기를 빼둔다.
3. 용과와 키위는 반으로 잘라 스쿠퍼로 과육만
   동글동글 파내어 따로 담아둔다.
4. 생모차렐라 치즈는 사방 1cm크기로 깍둑썰기 해둔다.
5. 커다란 볼에 손질해둔 과일을 한데 담고 리코타
   요구르트 드레싱을 끼얹어 먹는다.

 리코타 요구르트 드레싱 ricotta yogurt dressing

플레인 요구르트 1통 리코타 치즈 2큰술 레몬즙 1작은술
소금(생략가능) 약간

1 볼에 플레인 요구르트를 먼저 담고 리코타 치즈를
  넣어 거품기로 잘 저어 섞어준다.
2 1에 레몬즙으로 새콤함을 더하고 취향에 따라
  소금을 약간 넣어 간을 맞추어 완성한다.

kohlrabi 콜라비

콜라비는 식이섬유가 풍부하고 비타민, 칼륨, 철분 망간 등 무기질이 풍부하다. 항산화 성분이 피토케미컬과 카로틴이 풍부해 항암작용과 노화를 방지해준다. 장 운동을 활발하게 하여 변비를 예방하여 체중조절에 도움을 주고 혈액 순환을 개선하고 빈혈을 예방하는 효과가 있어 특히 여자들에게 효과 만점의 채소이다.

콜라비 샐러드
kohlrabi salad

콜라비 1/2개 오이 1개 적양배추 3잎 아보카도 1개 리코타 치즈 2큰술 말린 크랜베리 1작은술 병아리콩(통조림 대체 가능) 3큰술 아몬드 슬라이스 1큰술 소금 약간

1. 콜라비는 깨끗하게 씻은 다음 꼭지를 잘라내고 손질하여 취향에 따라 껍질을 벗겨내도 좋지만 껍질째 반으로 먼저 자르고 채칼을 이용하여 가늘게 채로 썰어둔다.
2. 오이도 씻은 다음 양쪽 꼭지 부분을 잘라내고 껍질째 채칼을 이용하여 가늘게 채 썰어둔다.
3. 적양배추도 씻은 다음 가늘게 채로 썰어두고, 병아리 콩은 밤새 미리 불러두었다가 40분 정도 센 불에서 푹 익을 때까지 삶아 건져 물기를 빼둔다.
4. 아보카도는 적당히 숙성된 것을 골라 반으로 갈라 둥근 씨를 칼로 찍어 빼버린 다음 껍질을 벗겨 가늘게 썰어둔다.
5. 커다란 볼에 콜라비, 오이, 적양배추 채, 병아리 콩을 한데 넣고 애플 허니 드레싱을 넉넉하게 끼얹어 버무리고 소금으로 살짝 간을 한다.
6. 5를 그릇에 보기 좋게 돌려 담고 아보카도를 얹는다. 그런 다음 리코타 치즈를 얹고 아몬드 슬라이스와 말린 크랜베리를 잘게 채 썰어 뿌려 낸다.

 애플 허니 드레싱 apple honey dressing
엑스트라 버진 올리브유 1/4컵 사과 1/4개 양파 1/4쪽 꿀 2작은술 사과 식초 1큰술 소금·후추 약간

1. 사과는 깨끗하게 씻은 다음 씨를 빼고 껍질째 큼직하게 잘라 둔다.
2. 양파는 껍질을 벗겨내고 4등분해서 한쪽만 준비한다.
3. 믹서기에 사과와 양파를 넣고 부드럽게 먼저 갈아 고운 체에 걸러서 즙만 따로 짜낸다.
4. 커다란 볼에 3의 사과와 양파즙에 사과 식초와 꿀을 넣고 섞는다. 이때 달콤한 맛을 좋아한다면 꿀을 더 넣어도 좋고 그렇지 않으면 꿀의 양을 줄여 기호에 따라 조절한다.
5. 4에 엑스트라 버진 올리브유를 조금씩 넣어가며 잘 유화시켜주고 소금과 후추로 간을 하여 완성한다.

kohlrabi+red cabbage

kohlrabi+fruits

트로피컬 콜라비 샐러드
tropical kohlrabi salad

콜라비 1/2개 용과(드래건 프루츠)1개
블루베리 1/2컵 석류 1/2개

1. 콜라비는 깨끗하게 씻은 다음 꼭지를 잘라내고 손질하여 껍질째 반으로 먼저 자르고 반달 모양으로 가늘게 썰어둔다. 콜라비의 식감은 무와 고구마의 중간 정도로 단맛은 전혀 없기 때문에 달콤한 과일과 곁들이면 맛의 균형을 이룰 수 있다.
2. 용과는 특별한 단맛은 없지만 과육 속의 검정 씨가 톡톡 씹히는 식감이 재밌다. 1의 콜라비와 대조적인 식감을 준다. 용과는 껍질을 칼로 적당히 벗겨내고 반으로 잘라 반달 모양으로 썰어둔다.
3. 블루베리는 흐르는 물에 씻어 체에 받쳐 물기를 빼둔다.
4. 석류도 깨끗하게 씻은 다음 반으로 갈라 숟가락 등으로 톡톡 두들겨 석류 과육을 따로 털어서 준비한다.
5. 접시에 용과를 보기 좋게 돌려 담고 옆에 콜라비를 같이 나란히 담는다.
6. 5에 블루베리와 석류알을 뿌리듯 얹어낸 다음 새콤달콤한 석류 드레싱을 끼얹어 먹는다.

 석류 드레싱 pomegranate dressing

석류즙(혹은 석류 주스) 1/2컵 엑스트라 버진 올리브유 4큰술
꿀 1작은술 소금 약간

1 석류를 까서 석류알을 꼭꼭 눌러짜서 즙을 따로 준비한다. 혹은 시판하고 있는 석류 주스를 준비하여 볼에 붓는다.
2 1에 꿀을 넣고 잘 섞어 준다. 취향에 따라 단맛을 좋아하지 않으면 생략해도 좋다.
3 2에 엑스트라 버진 올리브유를 조금씩 넣어가며 잘 유화시키고 소금으로 간하여 완성한다.

콜라비 감귤 샐러드
kohlrabi citrus salad

콜라비 1/2개 자몽(메리골드)1개 샐러리 1/2대
금귤(생략 가능) 6개 딜 50g

1. 콜라비는 깨끗하게 씻은 다음 꼭지를 잘라내고
   손질하여 껍질째 반으로 먼저 자르고 채칼을 이용하여
   가늘게 채로 썰어둔다.
2. 자몽은 깨끗하게 씻은 다음 두꺼운 껍질을 벗겨낸
   다음 과육만을 한쪽씩 발라낸다.
3. 샐러리는 줄기의 질긴 심줄을 벗겨 내고 씻은 다음
   송송 썰어둔다.
4. 금귤은 깨끗하게 씻어 동글동글하게 슬라이스해 둔다.
5. 커다란 볼에 손질해둔 샐러드 재료들을 한데 넣고
   오렌지 와인 드레싱을 넉넉하게 끼얹어 잘 버무려
   접시에 깔끔하게 담아낸다.
6. 5에 딜을 잎만 떼어내어 보기 좋게 얹어 상큼한
   허브향을 더한다.

오렌지 와인 드레싱
orange wine vinegar dressing

오렌지 즙 1/4컵 화이트와인 식초(다른 식초 대체 가능)4큰술
엑스트라 버진 올리브유 3큰술 꿀(생략 가능)1큰술 소금 약간

1 커다란 볼에 오렌지 즙과 화이트와인 식초를 넣는다.
  이때 와인 식초를 구하기 어렵다면 입맛에 맞는
  다른 식초로 대체해도 좋다.
2 1에 꿀을 넣고 잘 섞는다. 여기에 엑스트라 버진
  올리브유를 조금씩 넣어가며 잘 유화시키고 소금으로
  간하여 완성한다.

red onion 적양파

적양파 속에 풍부하게 들어 있는 퀘르세틴은 콜레스테롤 수치를 낮춰주고, 보라색 안토시아닌 성분은 피를 맑게 하여 동맥경화를 예방하는 효능이 있다. 특히 항산화 성분이 많아 노화를 막아주고 피부미용에 좋아 여자들에게 더욱 권장할 만하다. 일반 양파보다 영양소가 훨씬 많고 덜 맵고 아삭한 식감이 좋아 다양한 샐러드에 자주 애용되는 슈퍼푸드.

적양배추 연근 샐러드
red cabbage lotus root salad

적양배추 4잎 연근 1/2뿌리 적양파 1/2개 석류 1/4개 청포묵 1/2모 세발나물(곁들임 용) 50g 흑임자 1작은술 소금·후추 약간

1. 적양배추는 씻어서 물기를 빼고 가늘게 채로 썰어둔다. 이때 채칼을 이용해서 슬라이스하면 훨씬 부드러운 식감을 즐길 수 있다.
2. 연근은 감자 채칼을 이용하여 껍질을 벗긴 다음 역시 채칼로 동글동글 연근의 예쁜 모양을 살려 슬라이스한다. 적양파도 껍질을 벗겨내고 둥글게 모양을 그대로 살려 가늘게 슬라이스해 둔다.
3. 청포묵은 찬물에 씻은 다음 사방 1.5cm 크기로 깍둑썰기 해둔다.
4. 세발나물은 씻어 물기를 빼두고, 석류도 쪼개어 속을 털어 석류 알을 따로 담아둔다.
5. 센 불에서 팔팔 끓는 물에 소금을 약간 넣고 연근을 1분간 데친 다음 건져내어 식히고 청포묵 썰어 둔 것을 체에 넣고 20초 정도 데친 다음 바로 건져내어 물기를 빼고 식힌다.
6. 커다란 볼에 채 썰어둔 채소들을 먼저 넣고 셰리와인 드레싱으로 버무려 준다. 그런 다음 여기에 청포묵과 흑임자를 넣고 한 번 더 드레싱을 끼얹어 묵이 으스러지지 않도록 살살 버무린다.
7. 6을 접시에 잘 담고 준비해둔 석류를 뿌리고 세발나물을 곁들이듯 얹어 색감을 살린다.

 셰리와인 드레싱 sherry wine dressing

셰리와인식초(다른 식초로 대체 가능) 1큰술 엑스트라 버진 올리브유 4큰술 레몬즙 2작은술 마늘즙 1작은술 소금·후추 약간

1 볼에 셰리와인 식초와 마늘즙을 넣고 잘 섞는다.
2 1에 레몬즙을 넣고 엑스트라 버진 올리브유를 조금씩 넣어가며 잘 섞어둔다.
3 2에 소금과 후추로 간을 하여 완성한다.

red onion+red cabbage

salmon+lemon

세발나물 연어 샐러드
tripod vegetables salmon salad

연어 4토막 세발나물과 치커리 200g 레몬 1/2개 샬롯 2개
고수 100g 버터 30g 식용유 3큰술 소금·후추 약간

1. 잘 달구어진 팬을 중불 정도에서 식용유와 버터를 살짝 두르고 연어의 겉이 살짝 익을 정도로 구워 소금과 후추로 간을 한다.
2. 세발나물과 치커리는 깨끗하게 씻은 다음 체에 밭쳐 물기를 빼둔다.
3. 샬롯은 껍질을 벗기고 채칼을 이용해 얇게 슬라이스해 둔다.
4. 레몬도 깔끔하게 씻은 다음 반으로 잘라 반달 모양으로 슬라이스한다.
5. 고수의 줄기는 잘라버리고 잎 부분만 따로 뜯어 둔다.
6. 접시에 세발나물과 치커리를 넉넉하게 담고 그 위에 연어구이를 얹고 레몬 슬라이스를 돌려 담는다.
7. 6에 샬롯 슬라이스와 고수 잎을 얹고 타르타르 드레싱을 곁들여 낸다.

 타르타르 드레싱 tartar dressing

엑스트라 버진 올리브유 2큰술 레몬즙 1작은술
마요네즈 2큰술 적양파 다진 것 1작은술 쪽파 1/2대 케이퍼
다진 것 1작은술 소금·후추 약간

1 커다란 볼에 마요네즈를 넣고 여기에 다진 적양파와 쪽파를 넣고 섞는다.
2 1에 엑스트라 버진 올리브유를 조금씩 넣고 걸쭉한 농도로 잘 유화시킨다.
3 2에 레몬즙을 넣고 케이퍼 다진 것을 넣고 잘 섞는다.
4 3에 소금과 후추로 간을 하여 완성한다.

radish 래디시

래디시 연어 샐러드
radish salmon salad

래디시 6개 연어 400g 레몬 1/2개 세발나물 200g
적양파 1/4개 딜 100g

1. 연어는 냉동해두었다가 해동한 연어를 0.5cm 두께로 회를 뜬다.
2. 래디시는 깨끗하게 씻은 다음 동글동글하게 슬라이스한다.
3. 세발나물은 깨끗하게 씻은 다음 체에 밭쳐 물기를 빼둔다.
4. 레몬은 깔끔하게 손질한 다음 반으로 잘라 반달 모양으로 슬라이스한다.
5. 적양파는 껍질을 벗긴 다음 가늘게 채 썰어둔다.
6. 커다란 볼에 래디시, 세발나물, 적양파 채를 한데 넣고 케이퍼 레몬 드레싱을 끼얹어 잘 버무린다.
7. 접시에 6을 담고 레몬을 돌려 담는다. 여기에 연어 슬라이스를 나란히 얹고 딜을 얹고 드레싱을 한 번 더 끼얹어 낸다.

 케이퍼 레몬 드레싱 caper lemon dressing

케이퍼 2큰술 엑스트라 버진 올리브유 2큰술 레몬즙 1작은술
딜 다진 것 1작은술 소금·후추 약간

1 케이퍼는 잘게 다져둔다. 딜도 잘게 다진다.
2 커다란 볼에 1을 넣고 레몬즙을 넣은 다음 엑스트라 버진 올리브유를 조금씩 넣어가며 잘 유화시킨다.
3 2에 소금과 후추로 간을 하여 완성한다.

radish+salmon

래디시 속의 붉은색 카로티노이드는 시력 증진과
항산화 작용으로 노화를 방지하고 항암 효과를 발휘한다.
플라보노이드는 물론 비타민 C와 엽산도 풍부해
특히 여자들의 피부 노화를 늦춰주고, 유방암을 예방하는
항암성분이 많이 들어있어서 슈퍼푸드로 알려져 있다.

salmon+shrimp

새우연어초밥 샐러드
shrimp salmon sushi salad

새우살(시판 초밥용) 6마리 연어 200g 샐러드용
어린잎 300g 쌀밥 1공기 배합초 4큰술

1. 새우는 초밥용으로 준비하고 연어는 한 입 크기로 회를 뜬다.
2. 어린잎 샐러드는 물에 살살 흔들어 씻은 다음 체에 밭쳐 물기를 완전하게 빼둔다.
3. 밥은 고슬고슬하게 지어 배합초를 섞어 초밥용 밥으로 준비해둔다.
4. 밥을 초밥 모양으로 한 입 크기로 만들어 준비해둔 새우와 연어를 얹어 초밥을 만든다.
5. 접시에 2의 샐러드를 먼저 담고 그 위에 4의 초밥을 얹어 낸다.
6. 여기에 와사비 간장 드레싱을 곁들여 낸다.

와사비 간장 드레싱
wasabi soy sauce dressing

와사비 1작은술 진간장 2큰술 참기름 1큰술 카놀라유
1작은술 배즙 1큰술 후추 약간

1 볼에 배즙을 먼저 넣고 와사비를 넣고 저어준다. 여기에 간장을 넣어 마저 섞는다.
2 1에 참기름과 카놀라유를 넣고 후추로 간을 하여 완성한다.

celery+broccoli

브로콜리 크랩 샐러드
broccoli crab meat salad

브로콜리 1/2송이 크랩 맛살 3줄 오이 1/2개 셀러리 1/2대
대파 1/4대 냉이 속잎 50g

1. 브로콜리는 먹기 좋은 크기의 송이로 잘라 팔팔 끓는
   소금물에서 파릇파릇 아삭하게 데친 다음
   찬물에 담가 식히고 체에 밭쳐 물기를 빼둔다.
2. 셀러리는 줄기의 질긴 심줄을 벗겨내고 씻은 다음 송송
   썰어둔다.
3. 오이는 깨끗하게 씻은 다음 동글동글하게 슬라이스해 둔다.
4. 대파는 지저분한 잎을 정리한 다음 어슷어슷하고
   가늘게 채 썰어둔다.
5. 냉이도 깔끔하게 손질한 다음 부드럽고 어린 속잎을
   솎아 둔다.
6. 크랩 맛살은 1.5cm 크기로 썰어둔다.
7. 커다란 볼에 준비해둔 재료를 한데 넣고 레몬애플 드레싱을
   끼얹어 잘 버무려 접시에 먹음직스럽게 담아낸다.

 레몬애플 드레싱 lemon apple dressing

엑스트라 버진 올리브유 4큰술 레몬즙과 제스트 1/2개 분량
사과식초 2큰술 꿀 1작은술 소금·후추 약간

1 볼에 사과식초와 레몬즙을 섞은 다음 꿀을 잘 섞어둔다.
2 1에 레몬 제스트를 넣고 엑스트라 버진
  올리브유를 조금씩 섞어가며 잘 유화시킨다.
3 2에 소금과 후추로 간을 하여 완성한다.

cucumber 오이

크랩 맛살 오이 샐러드
crab cucumber salad

크랩 맛살 3줄 오이 1개 래디시 6알 치커리 100g
흑임자 1작은술 아몬드 부숴둔 것 1작은술

1. 크랩 맛살은 먹기 좋게 잘게 찢어 둔다.
2. 오이와 래디시는 깨끗하게 썻은 다음 채칼을 이용하여 가늘게 동글동글 모양대로 슬라이스한다.
3. 치커리는 줄기 부분은 떼어내고 잎을 위주로 뜯어서 깨끗하게 손질하여 둔다.
4. 커다란 볼에 찢어둔 크랩 맛살과 슬라이스 해 둔 오이와 래디시를 한데 넣고 레몬마요네즈 드레싱을 넉넉히 넣어 촉촉하게 버무려 낸다.
5. 접시나 볼에 치커리를 먼저 담고 여기에 4의 크랩 맛살 샐러드를 담고 흑임자와 견과류 부숴둔 것을 뿌려 낸다.

 레몬마요네즈 드레싱
lemon mayonnaise dressing

마요네즈 4큰술 레몬즙과 제스트 1/2개 분량 소금·후추 약간

1 볼에 마요네즈를 먼저 넣고 레몬즙과 제스트를 넣고 잘 섞어준다.
2 2에 소금과 후추로 간을 하여 완성한다.

crab meat+cucumber

오이에는 칼륨 함량이 높은 알칼리성 식품으로 산성 식품을 중화한다. 몸속의 나트륨을 배출 하는 과정에서 수분이 적당히 빠져 나가므로 부종을 가라앉히는 효과가 있다. 초록색의 엽록소와 비타민 C가 풍부해 피부 미백효과는 물론 탄력 있고 윤기 나는 물광 피부를 만들어 준다.

호박케이크 샐러드
pumpkin rice cake salad

호박 쌀 케이크(시판용으로 다른 떡으로 대체 가능)100g
베이비 로메인 상추 2통 해바라기 씨 1큰술 파르메산 치즈 100g

1. 떡집에서 시판하고 있는 늙은 호박떡은 영양과 맛이 좋은 샐러드에 활용하기 적합하다. 취향에 맞게 다른 종류의 떡으로 대체해도 무방하다.
2. 베이비 로메인 상추는 흐르는 물에 잘 씻어 물기를 완전 빼고 반으로 갈라둔다.
3. 접시에 로메인 상추를 반으로 잘라 둔 상태로 통째 담고 그 옆에 호박떡을 곁들인다.
4. 블루치즈 드레싱을 상추에 넉넉하게 끼얹고 해바라기씨를 뿌려 낸다.

블루치즈 드레싱 blue cheese dressing

블루치즈 50g 마요네즈 4큰술 휘핑크림 2큰술 오렌지 제스트 (생략 가능)약간 소금·후추 약간

1 믹서기에 블루치즈, 휘핑크림과 마요네즈를 한데 넣고 돌려 부드럽게 섞는다.
2 1에 소금과 후추로 간을 맞추고 오렌지 제스트를 뿌려 완성한다.

romaine lettuce+pumpkin

red radish+green vegetable

corn+herb

리코타 브런치 샐러드
ricotta brunch salad

바게트 빵 1/4개 빨간 무 1/4통 방울토마토 1컵
쌈 채소(취향껏) 200g 베이비 로메인 상추 1통
호두·아몬드 슬라이스·말린 크랜베리 1작은술씩
리코타 치즈 4큰술 소금·후추 약간

1. 빨간 무는 깨끗하게 씻어 길게 반으로 자른
   다음 반달 모양으로 슬라이스해 둔다.
2. 방울토마토도 깨끗하게 씻어 꼭지를 떼어내고
   반으로 길게 잘라둔다.
3. 바게트 빵은 어슷하게 1cm 두께 정도로 잘라
   토스터에서 바삭하게 구워낸다.
4. 취향에 맞는 쌈 채소들과 부드러운 베이비 로메인
   상추는 잎을 따로 떼어내어 흐르는
   물에 흔들어 씻은 다음 체에 밭쳐 물기를 빼고
   먹기 좋은 크기로 잘라 둔다.
5. 호두와 아몬드는 잘 달구어진 마른 팬에서
   살짝 볶아서 고소하고 바삭함을 더한다.
6. 커다란 볼에 준비해둔 쌈 채소, 로메인 상추,
   방울토마토, 빨간 무를 한데 넣고 발사믹 머스터드
   드레싱을 끼얹어 토스하듯 잘 버무려둔다.
7. 6을 접시에 소담스럽게 담고 그 위에 구운 바게트와
   리코타 치즈를 2큰술씩 얹고 호두와 아몬드,
   크랜베리 말린 것을 뿌려서 낸다.

balsamic avocado dressing

아보카도 오일 4큰술 발사믹 식초 1큰술 머스터드
파우더(디종 머스터드 이용 가능)1/2작은술 소금·후추 약간

1 볼에 머스터드 파우더를 넣고 발사믹 식초를
  넣어 먼저 섞어둔다.
2 1에 아보카도 오일을 천천히 조금씩 넣어 거품기로
  충분히 저어가면서 잘 유화시킨다.
3 마지막으로 소금과 후추로 간을 하여 낸다.

옥수수 허브 샐러드
corn herb salad

옥수수 4개 냉이 4뿌리 홍피망(청양고추도 가능) 1/2개
파슬리 2줄기 타임 2줄기 버터 50g 소금·후추 약간

1. 옥수수는 껍질을 벗기고 수염을 떼어낸 다음
   실온에 두어 부드러워진 버터를 문질러가며 발라
   오븐 토스터기나 그릴 팬에 노릇하게 굽는다.
2. 냉이는 깨끗하게 손질하여 어린 속잎만을 솎아 떼어
   둔다.
3. 홍피망의 꼭지를 떼어내고 반으로 잘라 씨를
   발라내고 잘게 다져둔다.
4. 파슬리도 줄기를 떼어버리고 잘게 다져 종이타월에
   넣어 꼭 짜서 물기를 완전 없애고 보슬하게 만들어 둔다.
5. 접시에 냉이 어린 속잎을 깔고 그 위에 구운
   옥수수를 얹고 페타 크림치즈 드레싱을 끼얹는다.
   먹기 직전에 다진 피망과 파슬리를 뿌려 먹는다.

feta cream cheese dressing

페타치즈 30g 크림치즈 50g 휘핑크림 30ml
파슬리 2줄기 후추 약간

1 페타치즈, 크림치즈 모두 실온에 두어
  물컹하게 만든다.
2 믹서기에 페타치즈와 크림치즈, 휘핑크림을 넣고
  부드럽게 크림상태가 되도록 갈아준다.
3 2에 파슬리 잎만을 떼어내어 다져서 넣고 후추로
  간을 하여 완성한다.

tofu 두부

저칼로리, 고단백의 두부는 탄력있는 몸매를 유지하는데 도움이 되고, 다이어트에도 효과가 있다. 콩을 많이 먹으면 몸속의 요오드가 빠져나가기 쉬워 미역과 같은 해초나 채소를 곁들여 두부와 함께 먹으면 좋다.

두부튀김 샐러드
fried tofu salad

두부 1/2모 적양파 1/2개 라디치오 4잎 이자벨 상추 1/2통
식용유 1컵 흑임자 1작은술 소금·후추 약간

1. 두부는 사방 1cm 크기로 깍둑썰기 한다. 바닥이 두꺼운 팬에 식용유를 붓고 섭씨 160로 예열하여 노릇노릇하게 튀겨 종이타월에 얹어 기름기를 빼둔다.
2. 적양파는 껍질을 벗겨내고 채칼을 이용하여 얇게 동글동글 슬라이스한다.
3. 이사벨 상추는 한 잎 씩 떼어내어 흐르는 물에 흔들어 깨끗하게 씻은 다음 먹기 좋은 크기로 찢어둔다.
4. 라디치오도 한 장 씩 떼어내어 깨끗하게 씻은 다음 먹기 좋은 크기로 찢어둔다.
5. 커다란 볼에 손질해둔 채소들을 한데 넣고 발사믹 양파 드레싱을 끼얹어 버무른다.
6. 접시에 5을 먼저 담고 튀겨둔 두부와 흑임자를 뿌려낸다.

 발사믹 양파 드레싱 balsamic onion dressing

엑스트라 버진 올리브유 4큰술 발사믹 식초 2큰술 양파즙
1작은술 머스터드 1/2작은술 소금·후추 약간

1 볼에 양파즙, 발사믹 식초, 머스터드를 넣고 잘 섞는다.
2 1에 머스터드가 없다면 한식 겨자로 대체해도 좋다.
  톡 쏘는 맛을 더해 드레싱 맛의 깔끔한 포인트 역할을 한다.
3 2에 엑스트라 버진 올리브유를 조금씩 넣어가며 섞어 잘 유화시키고 소금과 후추로 간을 하여 완성한다.

tofu+cabbage

두부스테이크 샐러드
tofu steak cabbage salad

두부(부침용) 1/2모 베이컨 3줄 양배추 4잎 미니양배추 6알 쌈 채소 200g 호두 1큰술 흑임자 1작은술 버터 1작은술 식용유 약간 소금·후추 약간

1. 두부는 1.5cm 두께로 길게 잘라서 식용유를 바른 다음 소금과 후추로 밑간을 해서 재워둔다.
2. 쌈 채소들과 양배추를 흐르는 물에 잘 흔들어 씻어 체에 밭쳐 물기를 빼둔다.
3. 2의 채소들을 먹기 좋게 채 썰거나 뜯어 둔다. 양배추는 가늘게 채 썰어 부드럽게 즐기도록 한다. 미니 양배추는 반으로 잘라 둔다.
4. 잘 달구어진 그릴 팬에 버터와 식용유를 두르고 1의 두부를 그릴 마크가 날 정도로 잘 구워낸다.
5. 4의 팬에 2cm 길이로 자른 베이컨을 얹고 약한 불에서 은근히 바삭하고 노릇하게 구워낸다.
6. 5의 팬에 3의 반으로 잘라둔 미니 양배추를 노릇하게 굽는다.
7. 커다란 볼에 준비해둔 쌈 채소와 양배추, 그릴 구이한 미니 양배추를 넣고 프렌치드레싱을 끼얹어 버무린다.
8. 접시에 버무려둔 쌈 채소와 양배추 채를 담는다. 그 위에 두부스테이크와 베이컨도 얹는다.
9. 호두를 잘게 부숴 뿌려내고, 두부스테이크에는 흑임자로 식감을 더한다.

프렌치 드레싱 french dressing
엑스트라 버진 올리브유 4큰술 레드와인 식초 2큰술 마늘 다진 것 1작은술 소금·후추 약간

1 볼에 레드와인 식초와 마늘 다진 것을 섞는다.
2 1에 엑스트라 버진 올리브유를 조금씩 넣어가며 잘 유화되도록 저어준다.
3 2에 소금과 후추로 간을 맞추어 드레싱을 완성한다.

lentil+radicchio

라디치오 렌틀 샐러드
radicchio lentil salad

라디치오 1/2통 렌틀콩 1/4컵 메추리알 6알 당근 1/4개
치커리 50g 방울토마토 1/2컵 파르메산 치즈 채 썬 것 2큰술
소금·후추 약간

1. 라디치오는 잎을 따로 떼어내어 흐르는 물에 흔들어 씻어 체에 밭쳐 물기를 빼둔다.
2. 렌틀콩은 두 번 정도 헹궈내듯 씻은 다음 렌틀콩 1/4컵에 물을 붓고 5분 정도 팔팔 끓이듯 삶아낸다. 너무 오래 삶으면 으깨져서 식감과 맛이 별로 없다. 살짝 씹히는 정도로 삶아 체에 걸러 물기를 빼둔다.
3. 메추리알도 소금물에서 10분 정도 삶아 찬물에 담가 식혀 껍질을 까서 반으로 잘라 준비한다.
4. 당근은 필러로 껍질을 벗겨내고 동글동글하게 썰어 물에 30분 이상 담가두어 원뿔 모양으로 만든다. 물론 그냥 써도 된다.
5. 방울토마토와 치커리는 손질하여 씻은 다음 동글동글 썰어둔다.
6. 커다란 볼에 준비해둔 채소와 렌틀콩을 한데 넣고 바질 드레싱을 끼얹어 잘 버무린다.
7. 접시에 6의 샐러드를 먼저 담고 3의 메추리알도 얹고 먹기 전에 채로 썬 파르메산 치즈를 뿌려낸다.

바질 드레싱 basil dressing

엑스트라 버진 올리브유 4큰술 화이트와인 식초(혹은 사과식초)
2큰술 마늘 다진 것 1작은술 바질 다진 것 1작은술 소금·후추 약간

1. 볼에 화이트 와인 식초와 마늘 다진 것을 넣고 잘 섞는다. 이때 화이트 와인 식초가 없다면 사과식초로 대체해도 무방하다.
2. 1에 바질 다진 것을 넣어 섞고 여기에 엑스트라 버진 올리브유를 조금씩 넣어가며 잘 섞어 유화시킨다.
3. 마지막에 소금과 후추로 간을 한다.

다진 바질을 넣어도 좋지만 지저분해 보이는 것이 싫다면 올리브유에 바질 잎을 미리 담아 하루 이상 보관하면 바질 오일이 된다. 이것을 그대로 이용하면 보기에도 깔끔하고 바질 향도 좋아 권할만하다.

greens 녹색채소

신선한 제철 채소에는 다량의 식이섬유와
비타민, 무기질 등이 많아 꾸준히 적당량
섭취하면 암세포 성장을 억제한다.
특히 녹색 채소에 다량 들어 있는 엽록소는
신진대사를 원활하게 하고 몸에 쌓인
독소를 배출하는 디톡스 효과가 있다.
뿐만 아니라 세포재생을 도와 노화를 늦추고
여자들의 몸매관리와 다이어트에도 효과 만점.

콜리플라워 그린샐러드
cauliflower green salad

콜리플라워 1/2송이 세발나물 100g 양상추 2잎 돌나물 1/2컵
파르메산 치즈 채 썬 것 2큰술 소금·후추 약간

1. 콜리플라워는 깨끗하게 손질한 다음 먹기 좋게 작은
   송이로 떼어내어 준비한다.
2. 세발나물과 양상추는 흐르는 물에 흔들어 씻어
   불순물을 없애고 헹궈 체에 밭쳐 물기를 없앤다.
3. 돌나물은 지저분한 줄기나 잡티를 없애고 손질하여
   흐르는 물에 흔들어 씻어 체에 밭쳐 물기를 빼둔다.
4. 커다란 볼에 손질해둔 채소를 한데 넣고 허니 레몬
   드레싱으로 잘 버무려 둔다.
5. 접시에 4의 샐러드를 담고 여기에 먹기 직전에
   파르메산 채를 얹어 낸다.

허니 레몬 드레싱 honey lemon dressing

엑스트라 버진 올리브유 4큰술 레몬즙과 제스트 1개 분량
사과식초 1큰술 꿀 1큰술 소금·후추 약간

1 볼에 사과 식초와 레몬즙, 제스트를 넣고 섞는다.
2 1에 꿀을 넣어 잘 섞고 엑스트라 버진 올리브유를
  조금씩 넣어 가며 잘 섞어 유화시킨다.
3 2에 소금과 후추를 넣고 간을 맞추고 드레싱을 완성한다.

cauliflower+greens

broccoli 브로콜리

브로콜리 속에 풍부하게 함유된 비타민 C는 피부미용은 물론 칼슘의 흡수를 도와 골다공증을 예방하고 빈혈도 막아준다. 뿐만 아니라 베타카로틴은 항산화작용을 하여 체내의 유해산소를 없애 암과 심장병 등 성인병을 예방하고 노화를 막아준다. 풍부하게 함유된 식이섬유는 장을 튼튼하게 해주어 여자들에게 특히 좋은 슈퍼푸드로 아름다운 몸매 관리에도 도움이 된다.

브로콜리 잡곡 샐러드
broccoli mixed beans salad

브로콜리 1/2송이 아스파라거스 8줄기 석류 1/4개
샐러드 어린잎 1/2컵 모듬 콩 1/2컵 브리치즈 1/2개
샬롯 2개 마요네즈 2큰술 소금·후추 약간

1. 브로콜리는 잘게 먹기 좋은 크기로 송이로 떼어두고 팔팔 끓는 소금물에 살짝 데쳐 찬물에 담가 식혀 물기를 빼둔다.
2. 아스파라거스는 밑동을 손으로 부러뜨려 딱 소리가 나는 데에서 밑동을 잘라버리고 1의 팔팔 끓는 물에 살짝 데쳐내어 찬물에 담가 식혀 물기를 뺀다.
3. 샬롯은 껍질을 벗기고 채칼을 이용해서 얇게 동글동글 슬라이스한다.
4. 샐러드 어린잎은 흐르는 물에 흔들어 씻어 체로 건져 물기를 빼둔다.
5. 석류는 껍질째 씻은 다음 쪼개어 톡톡 두들겨 석류 알을 빼두고 브리치즈는 한 입 크기로 슬라이스해 둔다.
6. 생 모듬 콩은 바로 소금물에 20분 정도 삶아서 쓰면 되고, 말린 모듬 콩은 하루 저녁 담가 두었다가 삶아 물기를 빼둔다.
7. 볼에 6의 콩들을 넣고 마요네즈로 버무려서 샬롯 슬라이스를 얹어 따로 담는다.
8. 커다란 볼에 브로콜리, 아스파라거스, 샐러드 어린잎을 담아 발사믹 글레이즈 드레싱으로 버무려 접시에 담고 썰어둔 치즈를 얹어 낸다.

발사믹 글레이즈 드레싱
balsamic glaze dressing

엑스트라 버진 올리브유 4큰술 발사믹 글레이즈 1큰술
레몬즙 1작은술 소금·후추 약간

1 볼에 발사믹 글레이즈에 레몬즙을 넣고 섞는다.
2 1에 엑스트라 버진 올리브유를 조금씩 넣어 가며 잘 섞어준다.
3 2에 소금과 후추를 넣고 간을 맞추어 드레싱을 완성한다.

broccoli+mixed beans

lotus root+mixed beans

연근 콩 샐러드
lotus root mixed beans salad

연근 1/4개 두부 1/4모 모둠 콩(강낭콩·흰콩·병아리콩 등) 1/2 컵 그린빈스 100g 실파 1/2대 식용유 약간 소금·후추 약간

1. 연근은 감자 채칼을 이용하여 껍질을 벗겨내고 채칼로 얇게 동글동글 모양대로 슬라이스한다. 바닥이 조금 두꺼운 팬에 식용유를 두르고 튀기듯이 바삭하게 튀겨서 종이타월에 건져내어 기름기를 빼고 소금을 살짝 뿌려둔다.
2. 그린빈스는 꼭지를 떼어내고 심줄을 벗겨내고 팔팔 끓는 소금물에 넣고 데쳐내어 차가운 물에 넣고 식힌 다음 체에 밭쳐 물기를 빼둔다.
3. 두부는 잘 달구어진 그릴 팬에 기름 없이 그릴 마크가 나도록 구워 2cm 두께로 썰어둔다.
4. 모둠 콩이 말린 콩인 경우에는 하루저녁 물에 불렸다가 삶고, 생 콩인 경우에는 물에 소금을 한 꼬집 넣고 20분 이상 푹 삶아 체에 밭쳐 물을 걸러낸다.
5. 파는 깔끔하게 손질한 다음 송송 썰어둔다.
6. 커다란 볼에 삶아둔 모둠 콩과 그린빈스를 넣고 간장드레싱으로 버무려서 접시에 담아낸다.
7. 먹기 직전에 6에 파를 뿌리고 두부 구운 것과 연근 튀김을 얹고 드레싱을 한 번 더 살짝 끼얹어 낸다.

 간장 드레싱 soy sauce dressing

진간장 2큰술 현미식초 1작은술 마늘 다진 것 1작은술 참기름 1큰술 후추 약간

1 볼에 진간장을 넣고 마늘 다진 것을 넣고 섞는다.
2 1에 현미식초를 넣어 섞은 다음 참기름을 넣고 잘 저어 섞는다.
3 2에 마지막으로 후추로 간을 하여 완성한다.

eggplant 가지

가지는 특유의 안토시안계의 나스닌과 히아신이 풍부해 암 예방 효과와 항산화 효과가 뛰어나 피부노화를 방지하는 데 그만이다. 가지에 들어 있는 알칼로이드 성분이 난소암 세포 증식을 억제하여 여자들에게 더욱 좋은 식재료이다.

그릴 가지 퀴노아 샐러드
grilled eggplant quinoa salad

가지 1개 홍피망 1/2개 깐 마늘 4개 퀴노아 튀긴 것 3큰술
샐러드 어린잎 1/2컵 양상추 2잎 올리브유 약간

1. 가지는 깨끗하게 씻은 다음 꼭지를 잘라내고 가로로 길게 0.5cm 두께로 썰어둔다.
2. 홍피망도 손질하여 꼭지를 떼어내고 반으로 잘라 씨를 먼저 발라내고 세모꼴로 썰어둔다.
3. 깐 마늘도 편으로 슬라이스 해둔다. 볼에 손질해둔 가지, 홍피망, 마늘 슬라이스를 넣고 올리브유를 넣고 버무려 소금과 후추로 간을 해둔다.
4. 샐러드 어린잎과 양상추는 흐르는 물에 흔들어 씻은 다음 체에 밭쳐 물기를 빼고 양상추는 먹기 좋게 잘라둔다.
5. 잘 달구어진 그릴 팬에 3의 가지, 피망, 마늘은 그릴 마크가 나도록 구워 식혀둔다.
6. 커다란 볼에 5의 구운 채소와 4의 샐러드 채소를 넣고 레몬 타임 드레싱을 끼얹어 버무린다.
7. 접시에 6을 담고 여기에 퀴노아 튀긴 것을 뿌려 식감을 더한다.

 레몬 타임 드레싱 lemon thyme dressing

엑스트라 버진 올리브유 4큰술 레몬즙과 제스트 1개 분량
타임 3줄기 마늘 다진 것 1작은술 소금·후추 약간

1 볼에 엑스트라 버진 올리브유를 넣고 마늘 다진 것을 넣고 섞는다.
2 타임은 줄기는 버리고 잎을 잘게 다져둔다.
3 1에 타임 다진 것을 넣고, 레몬즙과 제스트를 넣어 섞는다.
4 3에 소금과 후추를 넣어 간을 맞추어 드레싱을 완성한다.

eggplant+quinoa

green beans 그린빈스

비타민과 칼슘이 풍부한 그린빈스는 당뇨, 심장병을 예방하고 다이어트에 매우 효과적인 식재료이다. 칼로리가 낮고 포만감이 높아 다이어트 식품으로 최고. 껍질 속에 다양한 영양소가 들어있고 항산화 기능을 하는 베타카로틴과 칼륨이 풍부하다. 건강미 넘치는 여자들의 다이어트 대표 식재료로 사랑받고 있다.

그린빈스 샐러드
green beans salad

그린빈스 200g 병아리콩 1/4컵 상추 4잎 어린잎 샐러드 1/2컵

1. 그린빈스는 꼭지를 떼어내고 심지를 잘라버리고 팔팔 끓는 물에 넣고 데친다. 찬물에 담가 식힌 다음 체에 받쳐 물기를 빼고 어슷하게 썰어둔다.
2. 샐러드 어린잎과 상추는 흐르는 물에 흔들어 씻은 다음 체에 받쳐 물기를 빼고 상추는 먹기 좋게 잘라둔다.
3. 병아리콩은 미리 하루 저녁 불렸다가 30분 이상 푹 삶아 체에 받쳐 물기를 뺀다.
4. 커다란 볼에 샐러드 어린잎과 상추, 그린빈스, 병아리콩을 넣고 시트러스 드레싱을 끼얹어 잘 버무린다.
5. 접시에 4의 샐러드를 먹음직스럽게 담아낸다.

 시트러스드레싱 citrus dressing

레몬과 오렌지 즙과 제스트 1개 분량씩 엑스트라 버진 올리브유 5큰술 디종 머스터드 1큰술 소금·후추 약간

1 레몬과 오렌지를 채소 전용세제를 이용하여 깨끗하게 씻어 껍질의 불순물을 최대한 깔끔하게 없앤다.
2 1의 레몬과 오렌지의 껍질을 제스터나 채칼을 이용해서 긁어 제스트를 만들어 둔다.
3 2의 벗겨낸 껍질은 잘게 다져두고 남은 레몬과 오렌지의 과육은 짜서 즙만 따로 걸러 준비 해둔다.
4 믹서기에 레몬과 오렌지 즙과 제스트를 넣고 여기에 디종 머스터드를 넣고, 뚜껑을 닫고 엑스트라 버진 올리브유를 조금씩 넣어가며 믹서기를 작동시켜 드레싱이 잘 유화되도록 한다.
5 4에 소금과 후추로 간을 하여 드레싱을 완성한다.

broccoli+mixed beans

mixed grains+green beans

통밀 그린빈스 샐러드
whole wheat green beans salad

통밀 4큰술 병아리콩 2큰술 모둠 콩 2큰술 팥 1작은술
그린빈스 100g 이사벨 상추 4잎

1. 통밀은 물에 30분 이상 불렸다가 고슬고슬하게 삶거나 쪄 낸다.
2. 모둠 콩과 팥, 병아리콩을 미리 하루저녁 불렸다가 30분 이상 푹 삶아 체에 받쳐 물기를 빼둔다.
3. 그린빈스는 꼭지를 떼어내고 심지를 잘라버리고 팔팔 끓는 물에 넣고 데치고 찬물에 담가 식히고 체에 받쳐 물기를 빼고 어슷하게 썰어둔다.
4. 아사벨 상추는 한 잎씩 떼어내어 흐르는 물에 씻어 물기를 털어낸 다음 먹기 좋은 크기로 잘라둔다.
5. 커다란 볼에 그린빈스와 상추를 넣고 발사믹 드레싱으로 버무려서 접시에 먼저 담는다.
6. 1, 2의 콩과 팥, 통밀을 한데 볼에 넣고 발사믹 드레싱으로 맛있게 버무려 낸다.
7. 5의 접시에 6을 끼얹어 낸다.

 ### 발사믹 드레싱 balsamic dressing

엑스트라 버진 올리브유 4큰술 발사믹 식초 1큰술
소금·후추 약간

1 볼에 발사믹 식초를 넣고 엑스트라 버진 올리브유를 조금씩 따라가며 잘 섞는다.
2 1에 소금과 후추를 넣고 간을 맞춰 완성한다.

cucumber+greens

오이토마토 샐러드
cucumber tomato salad

방울토마토 1/2컵 적양파 1/4개 오이 1/2개 고수 잎 4줄기
모차렐라 치즈 50g 호박씨 1작은술

1. 방울토마토는 꼭지를 떼어내고 씻은 다음 반으로 잘라둔다.
2. 오이도 손질하여 반으로 자른 다음 반달 모양으로 슬라이스해 둔다.
3. 적양파도 껍질을 벗기고 2cm 크기로 네모지게 썰어둔다.
4. 고수도 줄기는 잘라 버리고 고수 잎을 따로 떼어둔다.
5. 모차렐라 치즈는 사방 1cm 크기로 잘라 둔다.
6. 커다란 볼에 손질해 둔 재료들을 한데 넣고 허브드레싱으로 버무린다.
7. 접시에 6의 샐러드를 담은 다음 호박씨를 뿌려낸다.

 허브드레싱 herb dressing

엑스트라 버진 올리브유 4큰술 카놀라유 1큰술 레드와인 식초 2큰술 마늘 다진 것 1작은술 말린 오레가노(혹은 바질) 소금·후추 약간

1 믹서기에 다진 마늘과 카놀라유, 레드와인 식초를 넣는다.
2 1에 엑스트라 버진 올리브유를 서서히 넣어 가며 믹서기를 돌린다.
3 2에 말린 오레가노 혹은 바질 허브를 넣고 마저 갈아준다.
4 마지막으로 소금과 후추로 간을 맞춘다.

wild chive 달래

피를 맑게 해주는 조혈작용을 하여 여자들에게 특히 더 좋은 달래. 비타민 C가 많아 노화를 막아주고 동맥경화나 혈관질환에도 도움이 된다. 매콤하고 아삭거리는 식감이 좋고 영양부추를 먹는 식감과도 비슷하다. 주로 봄나물 무침이나 찌개에 많이 이용되는데 샐러드에 그대로 먹으면 더욱 상큼하게 즐길 수 있다.

달래 누들 샐러드
wild chive noodle salad

홍피망 1/2개 달래 100g 오이 1/4개 메밀국수 100g
흑임자 1작은술 소금 약간

1. 메밀면은 팔팔 끓는 물에 소금을 약간 넣고 10분 정도 삶아서 건져내어 바로 찬물(특히 얼음물이라면 더 좋다.)에 넣고 헹궈 체에 밭쳐 물기를 뺀다.
2. 홍피망은 꼭지를 떼어내고 씨를 발라낸 다음 채 썰어둔다.
3. 달래는 뿌리를 특히 깨끗하게 손질한 다음 5cm 길이로 잘라둔다.
4. 오이도 깔끔하게 씻은 다음 껍질째 반으로 자르고 5cm 길이로 납작납작하게 썰어둔다.
5. 커다란 볼에 메밀면을 먼저 담고 유자 폰즈 드레싱을 넉넉히 넣고 비벼준다.
6. 5에 채 썬 피망과 달래를 넣고 드레싱을 마저 더 넣어 살살 버무린다.
7. 그릇에 6을 먹음직스럽게 담고 흑임자를 뿌려 낸다.

유자 폰즈 드레싱 citron ponzu dressing

유자즙 1/4컵 간장 1/2컵 현미 식초 3큰술 맛술 1큰술
가쓰오부시(가다랭이포) 1작은술 다시마 1장
엑스트라 버진 올리브유 3큰술

1. 간편하게 시판용 폰즈 드레싱을 그대로 사서 써도 좋다. 직접 폰즈 소스를 만들기 위해서는 볼에 분량의 유자즙, 간장, 식초, 맛술, 가다랭이포, 다시마를 한데 넣고 비닐 랩을 씌워서 6시간 정도 두어 숙성시킨다.
2. 1을 체에 걸러 담고 여기에 엑스트라 버진 올리브유를 점차적으로 넣어 가며 잘 섞어둔다.
3. 소금과 후추로 간을 한 다음 완성한다.

bell pepper+wild chive

달래 파스타 샐러드
wild chive fettuccine salad

페투치니 파스타 200g 달래(혹은 영양부추) 100g 샬롯 2개
방울토마토 1/4컵 레몬즙 1작은술 소금·후추 약간

1. 팔팔 끓는 물에 소금 1작은술 넣고 페투치니 파스타를 넣고 15분간 삶은 다음 체에 밭쳐 물기를 뺀다.
2. 토마토는 꼭지를 떼어내고 반으로 갈라 수분이 많은 씨를 발라내고 한 입 크기로 썰어둔다.
3. 달래는 손질하여 씻은 다음 5cm 길이로 썰어둔다.
4. 샬롯은 껍질을 벗겨 손질하고 채칼로 얇게 동글동글 슬라이스해 둔다.
5. 커다란 볼에 1의 페투치니와 샬롯 채를 넣고 토마토를 넣고 잣 크림 드레싱으로 버무리고 소금과 후추로 간을 한다.
6. 접시에 5의 페투치니를 얹고 토마토와 달래를 얹고 레몬즙을 살짝 짜서 낸다.

잣 크림 드레싱 pine nut cream dressing

버터 15g 밀가루 15g 우유 1컵 잣 4큰술 양파 다진 것 1큰술
마늘 다진 것 1작은술 소금·후추 약간

1 바닥이 두꺼운 냄비를 약한 불에 올려놓고 버터를 넣어 어느 정도 녹으면 다진 양파를 넣고 살짝 볶다가 밀가루를 넣고 반죽모양의 루로 만들고 불을 끈다.
2 1에 우유를 조금씩 넣어 가며 거품기로 잘 저어 풀어지면 잣 다진 것을 같이 넣고 다시 약한 불에서 저어가며 뭉근히 끓여 크림으로 만든다.
3 2에 다진 마늘을 넣고 식초를 넣어 새콤한 맛을 더한다.
4 3에 소금과 후추로 간을 하여 크림 드레싱을 완성한다.

wild chive+pasta

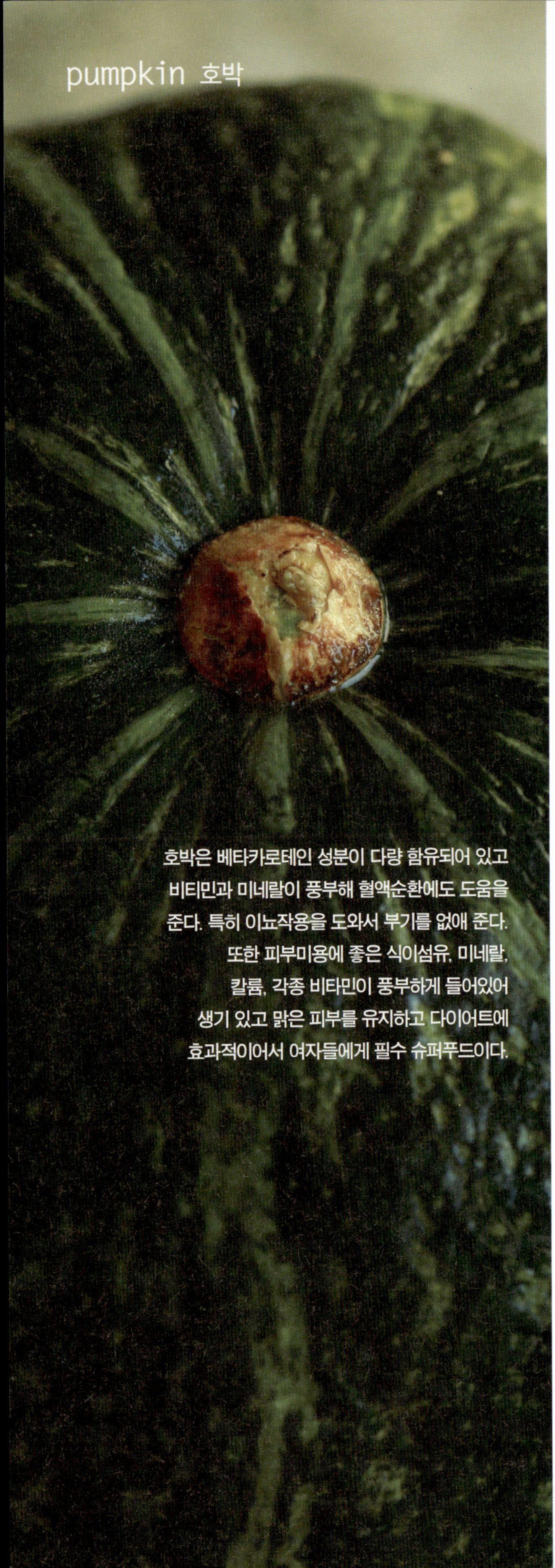

pumpkin 호박

호박은 베타카로테인 성분이 다량 함유되어 있고 비타민과 미네랄이 풍부해 혈액순환에도 도움을 준다. 특히 이뇨작용을 도와서 부기를 없애 준다. 또한 피부미용에 좋은 식이섬유, 미네랄, 칼륨, 각종 비타민이 풍부하게 들어있어 생기 있고 맑은 피부를 유지하고 다이어트에 효과적이어서 여자들에게 필수 슈퍼푸드이다.

단호박 래디시 샐러드
sweet pumpkin radish salad

래디시 4개 단호박 1/2통 홍새우 1/4컵 샐러드용 시금치 100g 쌈 채소 100g

1. 래디시는 깨끗하게 씻어 채칼을 이용해서 얇게 동글동글 슬라이스한다.
2. 쌈 채소와 샐러드용 시금치도 흐르는 물에서 흔들어 불순물을 없애고 헹궈 체에 밭쳐 물기를 빼둔다.
3. 단호박은 통째로 깨끗하게 씻은 다음 반으로 갈라 씨를 다 파내고 2cm 두께로 반달 모양으로 썰어 끓는 물에 1분 정도 살짝 데쳐내어 물기를 뺀 다음 그릴 팬에 그릴 마크가 나도록 노릇하게 구워 식힌다.
4. 홍새우도 3의 끓는 물에 1분정도 살짝 데친 다음 물기를 빼둔다.
5. 커다란 볼에 손질해둔 재료들을 모두 넣고 민트 와인 드레싱을 끼얹고 살살 버무려서 접시에 담아낸다.

민트 와인 드레싱 mint wine dressing

엑스트라 버진 올리브유 1/2컵 민트 다진 것 1/2큰술
레드와인 식초 1큰술 디종 머스터드 1작은술 소금·후추 약간

1. 볼에 디종 머스터드와 레드와인 식초를 잘 섞는다.
2. 1에 엑스트라 버진 올리브유를 조금씩 섞어 잘 유화시킨다.
3. 2에 다진 민트 잎을 넣고 섞은 다음 소금과 후추로 간을 맞추어 완성한다.

pumpkin+radish

피망 샐러드
bell pepper salad

미니 삼색 피망(혹은 삼색 피망) 각 3개씩 당근 1/4개 곶감 1개
리코타 치즈 2큰술 치커리 100g

1. 삼색 피망은 모두 꼭지를 떼어 내고 씨를 발라내고 씻어
   채칼을 이용하여 동글동글하게 슬라이스해 둔다.
2. 당근은 껍질째 깨끗하게 씻은 다음 1과 같이 동글동글하게
   슬라이스해 둔다.
3. 치커리는 흐르는 물에 흔들어 씻어 불순물을 없앤 후
   헹궈 체에 받쳐 물기를 완전히 빼둔다.
4. 곶감은 잘게 채로 썰어둔다.
5. 커다란 볼에 손질해둔 피망과 당근, 곶감을 한데 넣고
   머스터드 양파 드레싱으로 버무린다.
6. 5에 소금과 후추로 간을 한 다음 접시에 치커리를 먼저
   돌려 담고 가운데에 5를 얹고 리코타
   치즈를 조금씩 뿌리듯 얹어 낸다.

머스터드 양파 드레싱 mustard onion dressing

엑스트라 버진 올리브유 4큰술 양파즙 1큰술 꿀 1작은술
머스터드 1작은술 소금·후추 약간

1 볼에 양파를 갈아서 즙을 짜서 넣고 머스터드를 넣어
  잘 섞는다.
2 1에 꿀도 섞고 엑스트라 버진 올리브유를 조금씩
  섞어가며 잘 유화시킨다.
3 2에 소금과 후추로 간을 하여 드레싱을 완성한다.

bell pepper+carrot

meat+greens

치킨 그린 샐러드
chicken green salad

프라이드 치킨텐더(시판용)4개 베이컨4줄 양상추 4잎
쌈 채소 100g 바게트 50g
파르메산 치즈 채 썬 것 식용유 1/2컵

1. 샐러드용 쌈 채소와 아삭거리는 식감이 좋은 양상추는
   흐르는 물에 흔들어 씻어 불순물을 없애고
   체에 밭쳐 물기를 뺀 다음 한 입 크기로 뜯어 둔다.
2. 닭 가슴살을 직접 튀김옷을 입혀 사용해도 좋지만,
   간편하게 튀겨서 냉동한 시판용 치킨텐더를 이용한다.
3. 오목한 팬에 식용유를 붓고 섭씨 160도로 예열시켜
   2를 팬 프라이로 바삭하게 튀겨낸 다음
   종이타월에 얹어 기름기를 뺀다.
4. 수분을 종이타월로 물기를 닦아낸 베이컨을 3의 팬에서
   바삭하게 튀겨낸다. 그런 다음 적당한 크기로 자르고
   기름기를 빼둔다.
5. 바게트는 오븐토스터기에 살짝 구워 손으로
   한 입 크기로 뜯어 둔다.
6. 접시에 1의 채소를 먼저 담고 그 위에 치킨과 베이컨을
   얹고 바게트를 얹는다.
7. 6에 파르메산 치즈 채 썬 것을 뿌리고 렌치 갈릭
   드레싱을 곁들이거나 끼얹어서 낸다.

 렌치 갈릭 드레싱 ranch garlic dressing

플레인 요구르트 4큰술 마요네즈 2큰술 양파즙 1큰술
깐 마늘 3쪽 레몬즙 1큰술 꿀 1작은술 소금·후추 약간

1 깐 마늘은 기름을 살짝 두른 팬에서 살짝 굽거나
   통마늘을 오븐토스터에 넣고 구워 마늘을 으깨 이용하거나
   취향에 따라 조리하여 구운 마늘을 으깨서 준비한다.
2 볼에 플레인 요구르트와 마요네즈를 잘 섞는다.
3 2에 양파를 강판에 갈아서 준비한 양파즙과 레몬즙, 꿀,
   1의 구운 마늘 으깬 것을 한데 넣고 잘 섞어준다.
4 3에 소금과 후추로 간을 하여 완성한다.

meat+bell pepper

피망 치킨 샐러드
bell pepper chicken salad

피망 2개 닭 가슴살 2개 쌈 채소(취향껏) 200g 식용유 약간
홀그레인 머스터드 1작은술 소금·후추 약간

1. 피망은 꼭지를 떼어 내고 반으로 잘라 가운데 씨를 발라내고 씻어 물기를 빼고 사방 1.5cm 크기로 네모지게 썰어둔다.
2. 닭 가슴살은 흐르는 수돗물에 한번 씻은 다음 종이 타월로 물기를 닦아내어 준비한다. 이때 반드시 손을 깔끔하게 씻어 청결을 유지한다.
3. 잘 달구어진 팬에 식용유를 약간 두르고 닭 가슴살을 노릇하게 구워 찢은 다음 홀그레인 머스터드, 소금과 후추로 살짝 간을 해둔다.
4. 샐러드용 쌈 채소는 흐르는 물에서 흔들어 불순물을 없애고 헹귀 체에 받쳐 물기를 빼고 먹기 좋은 크기로 잘라둔다.
5. 커다란 볼에 4의 쌈 채소를 발사믹 애플 드레싱을 끼얹어 버무려 그릇에 먼저 담는다.
6. 5에 3의 닭 가슴살 구이를 얹어 샐러드를 완성한다.

발사믹 애플 드레싱
balsamic apple cider dressing

엑스트라 버진 올리브유 4큰술 발사믹 식초 1/2큰술
사과 식초 1/2큰술 홀그레인 머스터드 1작은술 소금·후추 약간

1 볼에 발사믹 식초와 사과식초를 넣어 섞은 다음 홀그레인 머스터드를 넣어 마저 섞는다.
2 1에 엑스트라 버진 올리브유를 조금씩 넣어가며 잘 저어 유화시킨다.
3 2에 소금과 후추로 간을 맞추어 완성한다.

03

The best salad combinations for men & women

남자 & 여자를 위한 슈퍼샐러드 조합 방정식
The best salad combinations for men & women

샐러드의 가장 기초가 되는 재료는 크게 세 가지로 분류 할 수 있다. 채소나 과일, 드레싱 그리고 단백질 공급원, 토핑으로 구성된다. 요즘은 채식주의자가 늘어나고 있어 샐러드용 채소는 샐러드의 기본이자 가장 큰 비중을 차지하는 샐러드 주재료. 다양한 서양식 잎채소를 포함하여 한국식 쌈 채소에 이르기까지 샐러드에 이용되는 채소들은 제각기의 식감, 맛과 향을 가지고 있어 입맛과 기호에 맞게 혹은 제철에 맞게 잘 선택하는 것이 가장 중요한 기본이 된다. 아삭거리고 신선함이 좋은 케일, 양배추, 배추 등은 매콤하면서도 아삭아삭하다. 보통 샐러드에서 푸른 잎채소의 비율은 50% 정도를 기준으로 하는데 이때 잎채소가 아닌 당근, 아스파라거스, 호박, 감자, 잡곡 그리고 래디시, 당근, 마, 연근 등과 같이 뿌리채소를 잎채소 대신 활용하면 훨씬 풍부한 식감과 맛, 영양을 색다르게 즐길 수 있다. 여기에 25% 정도는 채소와 과일로 채워야 하는데 기호에 따라서 그냥 생으로 신선하게 즐기거나 굽고 찌고 삶거나, 혹은 말린 크랜베리, 건포도와 건토마토 등을 불려서 이용해도 맛이 조화롭다. 혹은 생 채소를 그대로 샐러드로 만드는 것이 일반적이지만 올리브유로 버무리고 소금과 후추로 간을 해서 그릴 팬에 구운 그릴구이 채소들을 주재료로 이용하는 샐러드는 그 맛과 향, 영양소가 한결 더 색다르고 풍성한 맛을 낸다. 샐러드가 비타민, 무기질을 주 영양소로 한다면 여기에 부족하기 쉬운 탄수화물과 단백질, 지방 영양소는 단백질의 공급원이 될 치즈나 고기, 곡물 등을 조합하여 영양의 밸런스를 잡아준다. 이러한 단백질 식재료들은 샐러드의 빛나는 조연이자 맛을 좌우하는 포인트이기도 하기 때문에 빠져서는 안 될 중요한 샐러드의 기본 요소이다. 여기서 남자와 여자의 몸에 더 좋은 효능을 발휘하는 식재료를 잘 선택해서 샐러드에 곁들이는 노하우가 필요하다. 그리고 맛의 포인트가 되는 식감과 향을 주로 담당하는 토핑을 빠뜨려선 안된다. 예를 들면 식초에 절인 채소류나 말린 과일, 크루통 혹은 견과류와 다양한 씨앗 등을 토핑하면서 샐러드의 다양한 변화를 시도하는 것이 좋다. 다만 이것은 식감 포인트를 주는 정도이므로 살짝 터치하듯 마무리하는 정도로만 조합한다. 마지막으로 샐러드 식재료 조합의 마지막 터치! 허브류와 드레싱은 샐러드 맛과 음식궁합을 결정짓는 요리의 한수가 된다. 샐러드를 바로 먹을 거라면 샐러드 볼에서 대부분의 재료들을 잘 버무려서 내면 좋다. 그러나 드레싱에 따라서 미리 버무리면 채소가 바로 숨이 죽어 식감이나 맛을 잃을 정도라면 따로 드레싱을 곁들여서 조금씩 끼얹어 먹는 것이 좋다.

The best salad combinations for men & women

과일과 열매
25%

채소와 곡물
50%

치즈와 고기
10%

토핑
10%

허브와 향신료 5%

슈퍼 샐러드를 위한 식재료 조합 황금비율

채소와 곡물
잎채소나 쌈 채소, 뿌리채소와 다양한 곡물류로 구성 50%

샐러드의 가장 기본이 되는 주재료 채소는 서양식 잎채소를 포함하여 한국식 쌈 채소에 이르기까지 그 종류는 매우 다양하다. 제각기 독특한 식감, 맛과 향을 지니고 있어 각자의 입맛과 기호에 따라 고르는 것이 좋다. 예를 들어 아삭거리고 신선하고 부드러운 잎채소로는 양상추, 배추, 치커리, 케일, 로메인, 근대나 씨앗을 움트게 한 싹 채소나 어린 잎 채소 등은 매콤하면서도 아삭아삭하다. 이렇게 샐러드에서 푸른 잎채소의 비율은 50% 정도를 차지하는데 이때 당근, 연근, 아스파라거스, 래디시, 콜리플라워, 브로콜리, 호박, 오이, 감자 등을 활용하면 좋다. 그리고 슈퍼푸드로 등장한 뿌리채소인 마, 우엉, 도라지, 등을 잎채소 대신 활용하면 훨씬 풍부한 식감과 맛, 향까지 색다르고 다양한 샐러드를 즐길 수 있다. 특히 뿌리 채소 외에도 건강에 좋은 탄수화물의 공급 역할을 하는 파스타, 퀴노아, 잡곡, 모둠콩, 햄프씨드, 현미, 쿠스쿠스, 렌틸콩 등 다양한 슈퍼 곡물을 응용해서 곁들이면 고급스럽고 맛있는 슈퍼샐러드를 만들 수 있다.

과일과 열매
비타민과 무기질, 그리고 식이섬유의 공급원 과일과 열매로 구성 25%

감귤류나 다양한 과일들은 맛은 물론 먹음직스러운 색감을 주어 입맛을 살리는 역할을 하기도 한다. 포도, 멜론, 사과, 무화과, 체리, 오렌지, 블루베리, 살구, 망고, 복숭아, 배, 자두, 라즈베리, 수박, 딸기 등이 있다. 반면 토마토, 오이, 피망, 적양파, 샐러리, 호박, 무, 비트, 콜리플라워, 브로콜리, 아스파라거스, 그린빈스, 양파나 샬롯과 같은 채소류를 활용하면 좋다. 요즘 트렌드로 부각되는 아보카도나 망고와 같은 외국 식재료들도 샐러드의 주요 식재료로 등장해 다양하게 활용되고 있다.

The best salad combinations for men & women

치즈와 고기
육류, 해산물, 달걀과 치즈, 두부, 견과류 등으로 구성
10%

단백질의 공급원이 될 치즈나 고기 등은 샐러드의 빛나는 조연이자 중요한 핵심이기도 하기 때문에 개인의 식습관과 취향에 맞게 선택한다. 맛과 영양의 밸런스를 이루는 단백질 공급원들을 두 가지 이상 조합하면 훨씬 고급스럽고 풍성한 샐러드로 업그레이드 해주는 방법이다. 단백질의 공급원인 치즈의 종류도 식감이나 맛을 고려하여 적재적소에 맞게 잘 선택해서 활용한다. 특히 제철 식재료를 골라 활용한다면 가격도 저렴하고 영양과 맛이 절정인 샐러드를 맛볼 수 있는 좋은 선택이라 할 수 있다. 그 밖에도 주재료인 잎채소나 뿌리 채소등과 잘 어우러지는 것을 골라 음식궁합을 고려하는 것도 포인트.

토핑
샐러드의 마지막 터치! 피클, 올리브, 크루통 혹은 견과류와 씨앗 등으로 구성
10%

맛의 포인트가 되는 식감과 향을 주로 담당하는 토핑을 빠뜨릴 수가 없다. 예를 들면 샐러드에 뭔가 독특한 맛의 포인트를 주는 과정으로 한 꼬집 정도의 양으로 승부하는 샐러드의 킥이라 할 수 있다. 그 중에서 견과류와 씨앗들로는 아몬드, 피칸, 헤이즐넛, 호두, 캐슈너트, 잣, 피스타치오, 호박씨, 브라질너트, 잣, 땅콩과 볶은 참깨와 들깨 등이 있다. 다만 견과류는 알레르기를 유발하는 경우가 종종 있으므로 주의를 기울이는 것이 좋다. 여기에 새콤 짭짤한 맛으로 샐러드의 간을 맞추는 역할을 하는 간장 절임의 장아찌, 식초 절임의 피클, 말린 과일 등으로 샐러드를 업그레이드한다.

허브와 향신료
샐러드에 향기를 담당하는 허브와 맛의 포인트를 주는 향신료로 구성

5%

허브는 샐러드의 향과 맛을 피처링해주는 매력으로 모든 샐러드 레시피에 결코 빠져서는 안 될 필수 식재료이다. 바질, 고수, 딜, 민트, 오레가노, 파슬리, 로즈마리, 세이지, 그리고 타라곤, 타임, 싹 틔운 콩 등 신선한 허브를 넣어서 향과 맛을 더욱 풍성하게 만든다. 여기에 서양식 향신료를 적절하게 활용한다면 샐러드에 자극적인 맛의 포인트를 완벽하게 줄 수 있다. 대표적으로 후추, 와사비, 홀그레인 머스터드, 마늘, 파프리카 가루, 와사비, 마늘, 생강, 월계수, 계피, 홀스래디시, 고춧가루, 넛맥 등을 적절하게 이용한다. 향신료는 톡 쏘거나 매콤하고 시원한 맛을 더해주는 샐러드의 주연 같은 탄탄한 조연 역할을 하는 포인트로 잘 활용하면 같은 샐러드라도 훨씬 세련되고 고급스럽게 만들어준다.

04

The best dressing combinations for super salad

샐러드 드레싱의 기본 3가지 조합 방정식
The best dressing combinations for super salad

드레싱은 샐러드에 맛을 결정하고 깊이와 무게감을 더하는 필수적인 마무리. 오일과 식초는 드레싱의 가장 중요한 기본으로 새콤, 달콤, 매콤, 짭짤한 다양한 맛과 영양의 밸런스를 잡아주는 식재료를 더하고 빼면서 샐러드 드레싱이 다채로워진다. 잎채소를 위주로 한 샐러드는 드레싱으로 미리 버무려 내기보다는 드레싱을 곁들여 먹기 직전에 드레싱을 뿌려 주는 것이 좋다. 반면 뿌리채소와 슈퍼 곡물, 양배추와 같은 식재료는 드레싱으로 미리 버무려서 맛이 골고루 충분히 흡수되도록 하는 것이 샐러드 맛의 비결.

오일 Oil

드레싱의 주재료인 오일은 종류도 다양하지만 그 맛과 향도 각양각색이다. 샐러드에 가장 인기 있는 오일은 올리브유이다. 그러나 요즘에는 포도씨유, 카놀라유, 아보카도유, 땅콩오일, 해바라기유, 참기름, 콩기름, 아몬드유 등 훨씬 다양해 샐러드의 맛과 향도 다채롭게 적재적소에 응용할 수 있다. 그 맛은 폭넓고 생각보다 다채롭다. 오일은 차갑게 짜내는 방법과 뜨겁게 짜내는 방법, 혹은 오래 보관을 하기 위해 방부제를 첨가하기도 한다. 그러한 과정 속에서 고유의 풍미와 중요한 영양소가 파괴되기도 한다. 가장 보편적으로 이용되는 엑스트라 버진 올리브유는 올리브를 가장 처음으로 짜낸 맑고 고급스러운 오일로 손꼽힌다.

식초 Vinegar

대부분의 드레싱은 오일과 새콤한 산의 조화로 이뤄진다. 레몬과 오렌지와 같은 감귤류의 즙과 제스트, 서양식 겨자 머스터드, 간장 등이 종종 드레싱의 신맛을 담당한다. 그 중에서 가장 인기 있는 신맛의 주역은 바로 식초이다. 사과, 현미, 포도 등 채소와 과일, 곡물로부터 만들어지며 여기에 허브, 향신료 맛을 더해 드레싱 맛의 깊이를 더욱 깊고 풍성하게 만들어준다. 한식에서 주로 쓰는 현미식초와 사과 식초를 비롯해 요즘 가장 인기를 누리는 이탈리아의 발사믹 식초, 스페인의 셰리 식초, 프랑스의 레드와인 식초까지 식초도 더욱 글로벌하게 그 범위가 넓어지고 맛이 다양해지고 있다.

The best dressing combinations for super salad

비네그레트 드레싱 vinaigrette dressing

각종 오일과 식초를 베이스로 만드는 맑은 드레싱으로 허브나 각종 양념과 소스를 더해 더 다양하게 응용할 수 있는 드레싱. 가장 건강한 맛을 지닌 드레싱으로 샐러드와도 가볍게 조화를 이루는 것이 장점.

홀그레인 머스터드 드레싱	엑스트라 버진 올리브유 4큰술 홀그레인 머스터드 2작은술 오렌지 즙 4큰술 오렌지 제스트 1작은술 소금·후추 약간
애플드레싱	엑스트라 버진 올리브유 4큰술 사과즙(혹은 사과주스) 3큰술 사과식초 1큰술 꿀 1작은술 깐 마늘 1쪽 소금·후추 약간
민트 드레싱	엑스트라 버진 올리브유 1/2컵 민트·바질 다진 것 각 1큰술 레몬 제스트와 레몬즙 1/2개 분량 소금·후추 약간
올리브 드레싱	엑스트라 버진 올리브유 3큰술 깐 마늘 1쪽 바질 채 썬 것 1큰술 레몬즙 1작은술 꿀 1작은술 소금·후추 약간
오렌지 드레싱	엑스트라 버진 올리브유 4큰술 레몬과 오렌지 제스트와 즙(혹은 원액 주스) 2개 분량씩 디종 머스터드 1큰술 소금·후추 약간
머스터드 유자 드레싱	유자청 3큰술 레몬 제스트와 즙 1/2개 분량 양파 잘게 다진 것 1/4개 디종 머스터드 1작은술 깐 마늘 2쪽 소금·후추 약간
라임드레싱	엑스트라 버진 올리브유 4큰술 라임즙 4개 분량 설탕 1작은술 마늘 다진 것 1작은술 타바스코 소스(취향에 따라 생략 가능) 1작은술 소금·후추 약간
메이플 시럽드레싱	엑스트라 버진 올리브유 3큰술 사과식초 1큰술 메이플 시럽(일반 시럽으로 대체 가능) 4작은술 소금·후추 약간
오리엔탈 드레싱	참기름 3큰술 진간장 4큰술 설탕 1작은술 마늘즙 1작은술 현미식초 1큰술 후추 약간
참깨 드레싱	참기름 1큰술 진간장 3큰술 다시마 우려낸 물 2큰술 마늘 다진 것 1작은술 파 썬 것 1/2대 참깨 1작은술
오이스터 드레싱	참기름 1큰술 굴소스 2큰술 다시마 우려낸 물 4큰술 스리라차 1작은술 마늘 다진 것 2작은술 양파즙 1큰술
와사비 드레싱	엑스트라 버진 올리브유 4큰술 와사비 2작은술 현미식초 1큰술 레몬즙 1큰술 소금·후추 약간
발사믹 레몬 드레싱	엑스트라 버진 올리브유 4큰술 발사믹 글레이즈 2작은술 레몬즙 1작은술 소금·후추 약간
아보카도 드레싱	아보카도 오일 4큰술 라임주스 2작은술 현미식초 1작은술 소금·후추 약간
레몬머스터드 드레싱	엑스트라 버진 올리브유 4큰술 와인 식초(다른 식초로 대체 가능) 1큰술 디종 머스터드 1작은술 레몬 제스트와 즙 1/2개 분량 소금·후추 약간
바질 살사드레싱	엑스트라 버진 올리브유 2큰술 삼색 피망 각 1/2개씩 적양파 1/2개 토마토 1/2개 오이 1/2개 바질 채 썬 것 2큰술 마늘 다진 것 2작은술 소금·후추 약간
화이트 와인 드레싱	엑스트라 버진 올리브유 1/4컵 화이트 와인 식초 1큰술 소금·후추 약간
레몬마늘 드레싱	엑스트라 버진 올리브유 4큰술 깐 마늘 3쪽 레몬 제스트와 즙 1개 분량 소금·후추 약간

The best dressing combinations for super salad

레드와인식초 드레싱	엑스트라 버진 올리브유 4큰술 레드와인 식초 4큰술 설탕 1큰술 마늘즙 1작은술 소금·후추 약간
핫칠리 드레싱	엑스트라 버진 올리브유 1큰술 스위트칠리소스 3큰술 스리라차 1작은술 사과식초 1작은술 적양파 다진 것 1작은술 마늘 다진 것 1작은술 소금·후추 약간
와사비 마요네즈 드레싱	엑스트라 버진 올리브유 2작은술 와사비 1작은술 마요네즈 3큰술, 레몬즙 2작은술, 설탕 1작은술
발사믹 비네거 드레싱	엑스트라 버진 올리브유 4큰술 발사믹 식초 2작은술 소금·후추 약간
파인애플 머스터드 드레싱	엑스트라 버진 올리브유 4큰술 파인애플 식초(다른 식초로 대체 가능) 2큰술 디종 머스터드 1작은술 소금·후추 약간
홀그레인 머스터드 오이스터 드레싱	굴 소스 3큰술 맛술 1큰술 배즙 1/4개 분량 마늘 다진 것 1큰술 홀그레인 머스터드 1작은술 참기름 1큰술 황설탕 1작은술
스위트 칠리 치킨 드레싱	스위트 칠리소스 4큰술 엑스트라 버진 올리브유 1큰술 마늘 다진 것 1큰술 설탕 1큰술 맛술 1큰술 진간장 1큰술 토마토 케첩 2큰술 사과 식초 2작은술 소금·후추 약간
데리야키 드레싱	진간장 1/4컵 배 1/4개 무 1/5개 통계피 1/4개 월계수잎 1장 통후추 5알 흑설탕 1/4컵 청주 1/4컵 물엿 1/4컵 양파 1/2개 대파 1/2대 깐 마늘 5쪽 치킨 육수 1컵
자몽 허니 드레싱	엑스트라 버진 올리브유 3큰술 자몽(메리골드) 1/2개 꿀 1작은술 소금 약간
애플 허니 드레싱	엑스트라 버진 올리브유 1/4컵 사과 1/4개 양파 1/4쪽 꿀 2작은술 사과 식초 1큰술 소금·후추 약간
오렌지 와인 드레싱	엑스트라 버진 올리브유 3큰술 오렌지 즙 1/4컵 화이트와인 식초(다른 식초 대체 가능) 4큰술 꿀(생략 가능) 1큰술 소금 약간
석류 드레싱	엑스트라 버진 올리브유 4큰술 석류즙(혹은 석류 주스) 1/2컵 꿀 1작은술 소금 약간
셰리와인 드레싱	엑스트라 버진 올리브유 4큰술 셰리와인 식초(다른 식초로 대체 가능) 1큰술 레몬즙 2작은술 마늘즙 1작은술 소금·후추 약간
케이퍼 레몬 드레싱	엑스트라 버진 올리브유 2큰술 케이퍼 2큰술 레몬즙 1작은술 딜 다진 것 1작은술 소금·후추 약간
와사비 간장 드레싱	참기름 1큰술 카놀라유 1작은술 와사비 1작은술 진간장 2큰술 배즙 1큰술 후추 약간
레몬애플 드레싱	엑스트라 버진 올리브유 4큰술 레몬즙과 제스트 1/2개 분량 사과식초 2큰술 꿀 1작은술 소금·후추 약간

발사믹 아보카도 드레싱	아보카도 오일 4큰술 발사믹 식초 1큰술 머스터드 파우더(디종 머스터드)1/2작은 술 소금·후추 약간
발사믹 양파 드레싱	엑스트라 버진 올리브유 4큰술 발사믹 식초 2큰술 양파즙 1작은술 머스터드 1/2작은술 소금·후추 약간
프렌치 드레싱	엑스트라 버진 올리브유 4큰술 레드와인 식초 2큰술 마늘 다진 것 1작은술 소금·후추 약간
바질 드레싱	엑스트라 버진 올리브유 4큰술 화이트와인 식초(혹은 사과식초)2큰술 마늘 다진 것 1작은술 바질 다진 것 1작은술 소금·후추 약간
허니 레몬 드레싱	엑스트라 버진 올리브유 4큰술 레몬즙과 제스트 1개 분량 사과식초 1큰술 꿀 1큰술 소금·후추 약간
발사믹 글레이즈 드레싱	엑스트라 버진 올리브유 4큰술 발사믹 글레이즈 1큰술 레몬즙 1작은술 소금·후추 약간
간장 드레싱	참기름 1큰술 진간장 2큰술 현미식초 1작은술 마늘 다진 것 1작은술 후추 약간
레몬 타임 드레싱	엑스트라 버진 올리브유 4큰술 레몬즙과 제스트 1개 분량 타임 3줄기 마늘 다진 것 1작은술 소금·후추 약간
발사믹 드레싱	엑스트라 버진 올리브유 4큰술 발사믹 식초 1큰술 소금·후추 약간
시트러스드레싱	엑스트라 버진 올리브유 5큰술 레몬과 오렌지 즙과 제스트 1개 분량씩 디종 머스터드 1큰술 소금·후추 약간
허브드레싱	엑스트라 버진 올리브유 4큰술 카놀라유 1큰술 레드와인 식초 2큰술 마늘 다진 것 1작은술 말린 오레가노(혹은 바질) 소금·후추 약간
유자 폰즈 드레싱	엑스트라 버진 올리브유 3큰술 유자즙 1/4컵 간장 1/2컵 현미 식초 3큰술 맛술 1큰술 가쓰오부시(가다랭이포) 1작은술 다시마 1장
민트 와인 드레싱	엑스트라 버진 올리브유 1/2컵 민트 다진 것 1/2큰술 레드와인 식초 1큰술 디종 머스터드 1작은술 소금·후추 약간
머스터드 양파 드레싱	엑스트라 버진 올리브유 4큰술 양파즙 1큰술 꿀 1작은술 머스터드 1작은술 소금·후추 약간
발사믹 애플 드레싱	엑스트라 버진 올리브유 4큰술 발사믹 식초 1/2큰술 사과 식초 1/2큰술 홀그레인 머스터드 1작은술 소금·후추 약간

The best dressing combinations for super salad

마요네즈 드레싱 mayonnaise dressing

각종 오일과 식초를 베이스로 여기에 달걀노른자 성분이 들어가 마요네즈를 주재료로 부드러운 크림상태의 드레싱으로 허브와 각종 양념과 치즈 등을 더해 응용할 수 있는 드레싱

망고 민트 소스	망고(냉동 사용가능) 50g 꿀 1큰술 강황가루(혹은 디종 머스터드) 1/2작은술 크림치즈 3큰술 마요네즈 1큰술 민트(혹은 타임) 다진 것 약간 소금·후추 약간
마늘 마요네즈 드레싱	마요네즈 3큰술 사워크림 1큰술 디종 머스터드 2작은술 설탕 1/2작은술 구운 마늘 3쪽 소금·후추 약간
유자마요네즈드레싱	유자청(혹은 유자 마멀레이드) 2작은술 마요네즈 3큰술 오렌지 즙(생략 가능) 1큰술씩 소금·후추 약간
발사믹 버터 드레싱	발사믹 식초 1/2컵 황설탕 1/3컵 버터 3큰술 소금 2작은술
타르타르 드레싱	엑스트라 버진 올리브유 2큰술 레몬즙 1작은술 마요네즈 2큰술 적양파 다진 것 1작은술 쪽파 1/2대 케이퍼 다진 것 1작은술 소금·후추 약간
레몬마요네즈 드레싱	마요네즈 4큰술 레몬즙과 제스트 1/2개 분량 소금·후추 약간
블루치즈 드레싱	마요네즈 4큰술 블루치즈 50g 휘핑크림 2큰술 오렌지 제스트(생략 가능)약간 소금·후추 약간

The best dressing combinations for super salad

크림 드레싱 emulsified vinaigrette dressing

각종 오일과 식초를 베이스로 여기에 요구르트와 치즈와 같은
유제품을 더해 걸쭉한 크림 상태로 즐기는 드레싱

아보카도 페타치즈크림	아보카도(잘 숙성된 것) 1개 페타치즈 70g 레몬즙 1작은술 플레인 요구르트 4큰술 소금·후추 약간
비트크림요구르트	비트(작은 것) 1/2개 크림치즈 70g 플레인 요구르트 4큰술 꿀 1작은술 레몬즙 1작은술 소금·후추 약간
그릭 딜 요구르트	플레인 요구르트 3/4컵 딜 다진 것 2큰술 민트 다진 것 1큰술 마늘 다진 것 1쪽 라임 제스트와 즙 1/2개 분량 소금·후추 약간
바질 요구르트	요구르트 4큰술 바질 다진 것 1작은술 샬롯(혹은 적양파) 다진 것 2큰술 레몬 제스트와 즙 1/2개 분량 꿀 1작은술 파프리카(생략 가능)가루 1/2작은술 소금·후추 약간
리코타 드레싱	플레인 요구르트 1통(80g) 리코타 치즈 3큰술 레몬즙 1큰술 설탕 1작은술 소금·후추 약간
파르메산 드레싱	플레인 요구르트 1/2컵 파르메산 치즈 갈은 것 1/2컵 레몬 제스트와 즙 1/2개 분량 디종 머스터드 1큰술 소금·후추 약간 물 약간
샬롯 드레싱	휘핑크림 2큰술 샬롯 1개 디종 머스터드 1작은술 화이트와인 식초 1작은술 설탕 약간 소금·후추 약간
크림요구르트 드레싱	크림치즈 70g 플레인 요구르트 4큰술 오렌지 제스트 1작은술 소금 약간
리코타 요구르트 드레싱	플레인 요구르트 1통 리코타 치즈 2큰술 레몬즙 1작은술 소금(생략가능) 약간
페타 크림치즈 드레싱	페타치즈 30g 크림치즈 50g 휘핑크림 30ml 파슬리 2줄기 후추 약간
렌치 갈릭 드레싱	플레인 요구르트 4큰술 마요네즈 2큰술 양파즙 1큰술 깐 마늘 3쪽 레몬즙 1큰술 꿀 1작은술 소금·후추 약간

05

The best ingredients for men

♂ 남자에게 특히 좋은 슈퍼 샐러드 식재료 이야기

The best ingredients for men

콜리플라워
양배추  아스파라거스

콜리플라워

항암성분이 많이 들어있어서 슈퍼푸드로 알려진 콜리플라워는 브로콜리에 비해 덜 애용되고 있다. 브로콜리와 비슷한 콜리플라워는 보라, 연두, 노랑, 흰색 등 맛도 식감도 다양하다. 하루에 100g 만 섭취해도 비타민 C가 하루권장량이 충족된다. 특히 비타민 C는 바이러스에 저항력이 강한 면역력을 높일 뿐만 아니라 콜라겐의 형성을 높여 노화방지에도 탁월한 효과가 있다. 그 외에도 식이섬유가 양배추나 배추보다도 함유량이 높아서 장 속에 쌓인 노폐물을 배출시키고 장을 튼튼하게 해주는 효능이 있다. 특히 남자들에게 장을 튼튼하게 하여 숙취해소에 도움이 된다.

아스파라거스

북유럽에서 인기 있는 흰색 아스파라거스는 햇빛을 피해 언덕진 구릉 형태의 흙 속에서 경작되는 반면, 미국과 영국에서 가장 보편적인 방식으로 재배되는 초록색 아스파라거스는 땅 위에서 태양을 충분히 받으며 자라고 엄청나게 빠른 속도로 자라 하루에 한 번씩 수확 가능하다. 이색적인 핑크와 보랏빛 아스파라거스는 캘리포니아와 프랑스에서 재배되고 있다. 물론 아스파라거스의 색깔은 맛에는 커다란 차이가 없고 단지 재배 방법의 차이만 있을 뿐이다. 그러나 흰색 아스파라거스는 부드럽고, 초록 아스파라거스는 향이 더 상큼하고 아삭거리는 식감이 좋다. 반면 핑크나 보랏빛 아스파라거스는 다른 색에 배해 약간 쓴맛이 더 강하지만 대체적으로 맛과 향이 크게 다르지는 않다.

햇빛과 땅의 자양분을 충분히 받고 자란 초록색 아스파라거스가 흰색 아스파라거스보다 맛과 향이 탁월하며, 비타민 B1·B2가 풍부하고 칼슘, 칼륨, 철분 등의 무기질과 단백질 함량이 높다. 아스파라거스의 쌉쌀한 맛은 아스파라젠산으로 몸의 신진대사와 단백질 합성을 도와주어 피로회복과 자양강장 효과가 있다. 특히 숙취로 피로한 남성들에게 더욱 효과적인 슈퍼푸드로 손꼽는다. 루틴 성분도 다량 함유하고 있어서 혈압을 낮추고 고혈압 예방에도 효과가 있어 특히 남자들에게 추천할만하다.

양배추

변비에 좋은 식이섬유가 풍부한 양배추는 가늘게 채로 썰어 생으로 샐러드로 주로 즐긴다. 식감과 맛이 일품으로 비타민 B1과 C, 철분, 칼슘도 풍부하고 위를 튼튼하게 해주는 영양분이 풍부해 위장병하면 양배추가 연상되는 것은 이미 상식이다. 이것은 양배추 속에 다량 함유되어 있는 비타민 U가 위궤양 치료 효과가 있고, 위장 내의 세포 재생력도 뛰어나기 때문이다. 양배추의 줄기심지 부분에 이 영양소가 특히 많아 버리지 않고 갈아서 주스로 마시면 더욱 좋다. 양배추의 이 같은 성분을 추출해서 소화제나 위장병 치료를 위한 약품으로도 개발될 정도로 약효와 맛이 뛰어나다. 그래서 양배추는 특히 음주로 상하기 쉬운 위벽을 보호해주어 남자들의 필수 채소라고도 한다. 양배추는 생으로 먹는 것이 영양 손실이 적어 가장 좋고, 익혀서 먹는 경우에는 살짝 데치거나 쪄서 비타민 C의 손실을 최대한 막도록 하는 것이 중요한 포인트. 겨울 양배추가 가장 달고 맛있고 신선하며 속이 꽉 차고 묵직해 질 좋은 양배추로 여겨진다. 한식에서는 양배추 쌈으로 즐기는 경우가 많고 일본식으로는 생채로 튀김의 곁들임으로 많이 활용되고 있다. 서양식으로는 샐러드로 활용되며 종종 다진 고기와 버섯 등을 볶아 돌돌 말아서 찜으로 즐기는 편 이다.

적양배추는 샐러드로, 푸른 양배추는 볶음요리와 쌈으로 주로 이용되며 오톨도톨한 사보이 양배추는 서양식 요리에서 많이 활용된다. 미니 양배추라 불리는 브뤼셀 스프라우트는 달큰하면서도 먹기 좋고 일반 양배추에 비해 2배 이상의 영양소를 함유하고 있어 샐러드에 특히 많이 이용된다.

마

위와 장을 보호하고 자양강장효력이 탁월한 마는 남자들의 정력제라 불린다. 한방 약재로도 활용될 만큼 약효가 뛰어나 식재료이기보다는 약용식물로 더 애용되어 왔다. 근래에는 주스로 갈아서 마시거나 샐러드로 바로 먹는 등 마의 일상 요리로 활용도가 점차 다양해지고 있다. 마는 둥근 마와 장마, 단마로 모양에 따라 분류되는데 길쭉하게 생긴 장마는 수분이 넉넉하고 식감이 부드러워 생채로 주로 즐긴다. 단백질의 흡수를 촉진하고 위벽의 분해를 억제하며 위벽을 보호해주는 끈적거리는 점액질 뮤신이 많이 함유되어 장 윤활제 역할을 하여 위산과다, 위궤양 예방에 효과적이다. 좋은 마를 고르는 방법으로는 묵직하면서도 굵직하고 매끈한 것을 선택하면 된다. 피를 맑게 하고 신장의 양기를 북돋워주어 남자의 정력을 강화한다. 또한 비타민 B1, B12, C, 칼륨과 인을 비롯한 무기질도 다량 함유되어 있어 숙취 해소와 변비 예방, 다이어트에 매우 좋다.

연근

비타민 C, B가 풍부하여 피로 회복과 각종 염증 완화, 눈의 충혈에 효과적이며 피부를 투명하고 윤기나게 해준다. 꽃잎부터 뿌리까지 버릴 것이 없는 연은 잎을 덖어 만든 연잎 차로, 뿌리 부분의 연근, 씨앗은 아삭한 식감 그대로 생으로 먹는다. 연근 속의 끈적하고 미끈거리는 뮤신은 위벽을 보호하고, 풍부한 식이섬유가 소화를 돕고 변비 예방에 도움을 준다. 한방에서는 지혈과 지사 약으로 처방되고 있을 정도로 소화에 도움을 준다. 특히 고혈압에도 도움이 되고 남자들에게 특히 효력이 있고 숙취로 인한 위염 등에 치료 효과가 있어 남자들에게 특히 권할 만하다. 연근은 감자 필러를 이용해서 껍질을 얇게 벗겨내고 살짝 데쳐 찬물에 담가두어 쌉쌀하고 쓴맛을 충분히 우려낸다. 데치는 동안 갈변이 심해 끓는 물에 식초와 소금을 조금 넣고 조리하면 산뜻한 색을 유지 할 수 있다.

아보카도

몸에 좋은 불포화 지방산과 칼륨이 풍부해 나트륨의 배출에 도움을 준다. 특히 당분의 함량이 낮고 비타민 C가 다량 함유되어 있어 피부노화를 방지하고 과일 버터라고 불릴 만큼 부드럽고 고소한 맛이 일품이다. 특히 비타민 E, B2, B6도 풍부하여 원기회복에도 그만이다. 아보카도에는 유분이 충분히 함유되어 있어 샐러드는 물론, 소스, 스프레드, 수프로도 활용된다. 요즘 특히 아보카도 오일은 산화가 금세 되는 단점은 있지만 엑스트라 버진 올리브유 보다 더 부드럽고 고소해 샐러드에 이용하면 맛의 무게감과 깊이가 풍부해 고급스러운 맛으로 연출할 수 있다. 아보카도의 필수지방산은 다이어트는 물론 남자들에게 좋은 원기회복 효력을 갖고 있어 남자들에게 특히 권할 만하다. 껍질의 색이 짙은 초록색으로 단단한 상태에서 검고 오톨도톨한 질감이 살아있고 손으로 만져서 지나치게 물컹하지 않고 적당히 단단한 느낌이 올 때가 가장 맛있다.

토마토

활성산소를 배출시켜 세포의 젊음을 유지하는 라이코펜 성분이 남자의 전립선암을 예방하는데 도움이 될 뿐만 아니라 알코올을 분해할 때 생기는 독성물질을 잘 배출시키는 역할을 하여 숙취 해소에 좋다. 특히 비타민 K가 많아 칼슘이 빠져 나가는 것을 막고 골다공증이나 노인성 치매 예방에도 도움이 된다. 토마토에 함유된 비타민 C는 피부에 탄력을 주고 멜라닌 색소가 생기는 것을 막아 기미 예방에도 효과적이다. 토마토는 덜 익은 초록색보다 빨갛게 잘 익은 것이 건강에 훨씬 유익하다. 빨간색 채소에 주로 많은 카로티노이드라는 물질은 라이코펜의 주성분으로 잘 익은 토마토에 다량 함유되어 있다. 생 토마토보다는 살짝 익힌 토마토 수프나 소스에 녹아있는 라이코펜의 흡수율이 생 토마토 보다 5배 이상 월등하다. 이러한 라이코펜은 혈액을 맑게 해주는 역할을 해서 뇌졸증, 심근경색 등을 예방한다. 토마토 속의 루틴은 혈관을 튼튼하게 해주고 혈압을 내려 심장마비를 예방하는 최고의 건강식품이다. 토마토는 꼭지가 단단하고 탄력이 있는 것이 좋으며 열량이 낮아 비만, 당뇨병 환자에게 식이요법으로도 많이 활용된다. 토마토를 먹으면 소화를 촉진하고 위 부담을 줄이고 산성 식품을 중화시키기도 하고 식이섬유가 풍부해 변비 예방에도 효과적이다.

마　아보카도
연근　토마토

통밀
굴
새우
버섯

180 The best ingredients for men

통밀

통밀에는 식이섬유와 비타민, 미네랄 등이 많이 들어있다. 특히 통밀 속의 식이섬유는 장운동을 원활하게 하여 변비예방에도 효과적이고, 남자들에게 특히 발병률이 높은 대장암 예방에 효과적이다. 또한 혈중 콜레스테롤 함량을 감소시켜 혈당과 혈압 개선에도 도움이 된다. 특히 통밀의 식이섬유 속에는 칼륨과 비타민, 무기질이 풍부해 비만은 물론 당뇨와 같은 성인병 예방에 효능이 있다.

굴

굴은 남성호르몬인 테스토스테론을 만드는 데 도움이 되는 아미노산과 아연이 풍부하다. 아연, 셀레늄, 철분, 칼슘은 물론 비타민 A, D 등이 풍부하다. 특히 동서양을 막론하고 남자의 자양강장 식품으로 알려져 남성들의 정력식품으로 꾸준히 인기를 모으고 있다. 몸을 건강하게 하고 피부를 곱게 하며 혈색을 좋게 한다. 한식에서는 굴을 데치거나 날로 초고추장이나 간장 소스 등에 찍어 먹거나 무쳐서 먹는 것이 일반적이다. 반면 서양에서는 석화 상태로 껍질을 한쪽만 까서 버리고 와인식초와 적양파, 레몬즙을 곁들여 먹는 방식이 가장 보편적이다. 가장 신선하고 감칠맛이 빼어나 겨울이 제철인 굴은 11월에서 4월까지 가장 맛있게 즐길 수 있다. 특히 우리나라에서는 생굴을 그대로 먹거나 굴밥, 굴 전, 굴튀김, 굴 생채 등 그 조리법이 매우 다양하게 발달되어 있다.

새우

칼슘과 타우린이 풍부한 새우는 골다공증 예방은 물론 항산화 성분인 셀레늄이 다량 함유되어 있어 피부 노화를 막아준다. 특히 붉은 빛을 내는 카로틴 성분은 체내에 흡수되면서 비타민 A로 변화되어 인체의 면역력 증강에 도움을 준다. 새우에 가장 많이 들어 있는 아미노산 타우린과 불포화 지방산은 두뇌발달에 도움이 되며 콜레스테롤의 수치를 낮추어 준다. 특히 타우린은 간을 해독하고 피로회복을 빠르게 풀어주어 숙취해소에 도움이 되는 디톡스 식품으로도 손꼽힌다. 새우 껍질에 많이 들어 있는 키토산은 몸 속의 지방 축적을 막아주며 혈관 속에 콜레스테롤을 흡착해서 몸 밖으로 배출시키는 효능을 가지고 있고 몸에 나쁜 활성산소와 독성물질을 없애주는 항산화 작용과 항암효과가 탁월한 것으로 알려져 있다.

버섯

비타민과 무기질이 풍부해 채소와 흡사하면서도 탄수화물, 단백질, 지방 성분도 골고루 함유되어 있다. 특히 각종 비타민과 철, 아연 등 무기질도 풍부하며 다양으로 함유되어 있는 에르고스테롤은 햇빛 자외선에 의해 비타민 D로 장내의 칼슘 흡수를 돕기도 한다. 특히 고단백 저칼리 식품으로 비만과 변비, 암을 예방하는 슈퍼푸드로 손꼽히는 식재료이다. 버섯은 수분이 대부분을 차지하며, 칼로리는 낮고 식이섬유가 충분히 함유되어 있어 과식을 막고 포만감을 주어 다이어트에 효과적이다. 버섯의 종류는 매우 다양하고 그 효능도 제각기 조금씩 다르다. 전체적으로 식감과 맛이 좋아 다양한 요리로 응용되고 있다. 특히 말린 버섯은 생으로 즐기는 버섯보다 아미노산의 일종인 구아닐산나트륨이 만들어져 버섯의 맛과 향을 더욱 강하게 만들어 감칠맛이 훨씬 풍부해진다. 제철에만 잠시 선보이는 능이버섯, 송이버섯, 상황버섯 등과 같은 자연산 버섯은 표고·양송이·팽이·새송이·만가닥·느타리버섯과 같은 양식 버섯보다 향과 맛은 물론 약리효과가 빼어나서 몇 배의 비싼 가격으로 거래되기도 한다. 물론 샐러드에 주로 쓰이는 양식버섯들도 남자들의 스태미나 회복은 물론 여자들의 다이어트에도 뛰어나 요리에 다양하게 응용되고 있다.

06

The best ingredients for women

여자에게 특히 좋은 슈퍼 샐러드 식재료 이야기

The best ingredients for women

호박 　달걀
콩 　석류 

184 The best ingredients for women

호박

녹말 함량이 가장 많은 호박은 감자와 고구마에 이어 칼로리가 높아 밥 대용으로도 많이 활용되고 있다. 무엇보다 섬유질이 풍부해 건강 다이어트식으로 각광 받고 있다. 호박은 잎, 씨앗, 과육까지 어느 것 하나 버릴 것이 없다. 질병 면역력에 좋은 베타카로틴 성분이 다량 함유되어 있고 비타민과 미네랄이 풍부해 혈액순환에도 도움을 준다. 특히 여자들이 출산 이후 부기를 빼기 위해 늙은 호박을 달여서 즙으로 먹는 경우가 많은데 그것은 호박 속의 이뇨작용을 도와서 부기를 가라 앉혀주기 때문이다. 또한 식이섬유, 미네랄, 칼륨, 각종 비타민이 풍부하게 들어있어 생기 있고 맑은 피부를 유지한다. 호박 속의 단백질, 지방, 섬유질, 칼슘, 인 등이 풍부하고 머리를 좋아지게 만드는 레시틴과 필수 아미노산도 풍부하다. 또한 호박잎은 몸 안에 쌓인 독성 산화물질을 없애 항암작용을 하고 칼로리가 낮아 다이어트에 크게 도움이 된다.

석류

여자들에게 가장 좋은 신비의 과일이라고 해도 지나치지 않은 석류에는 천연식물성 에스트로겐이 들어있어 갱년기 장애 예방에도 도움이 된다. 석류알 속에는 새콤달콤한 당분과 새콤한 맛의 시트르산, 비타민 B1, B가 들어있고, 껍질에는 떫은 맛의 타닌이 충분히 들어있다. 이처럼 열매와 껍질 모두 고혈압, 동맥경화 예방에 좋고 과즙을 올리브유와 섞어서 먹으면 변비에도 효과적이다. 여성호르몬의 분비가 줄어드는 중년 여자들에게 특히 석류즙이 가장 많이 애용되고 그 밖에도 샐러드와 주스 그리고 차로도 즐길 수 있다. 질 좋은 석류는 무게감이 있고 껍질은 선명한 붉은 색을 띠며 탄력있고 단단하며 윤기가 흐르는 것이 신선한 것이다. 저칼로리, 저지방 과일로 당분이 적어 다이어트와 피부미용에 최고의 과일이다.

달걀

완전식품으로 손꼽히는 달걀은 비타민 B군이 풍부하고 질 좋은 단백질이 풍부해 눈과 피부, 건강한 머릿결에도 도움을 준다. 특히 완전 단백질인 아미노산의 라이신은 신경계의 세로토닌의 수치를 조절해 스트레스를 줄여주고 민감한 증상도 줄여 준다. 달걀은 저칼로리로 포만감을 느끼게 하고 인체 호르몬 분비를 촉진하고 전체 식사량을 줄여주어 건강다이어트에 좋다. 달걀흰자에 들어 있는 필수아미노산인 메티오닌 함유량이 높아 간 기능 강화에 탁월한 효과를 낸다. 달걀에 함유되어 있는 레시틴과 올레인산 등의 불포화지방산은 우리 몸속의 혈관 속에 붙어 있는 나쁜 콜레스테롤을 녹여 동맥경화를 예방하고 혈관을 건강하게 해주는 효과가 있다. 특히 달걀은 면역증진, 피부미용, 그리고 노화방지, 다이어트에 효과적이며 안구 건조증도 예방해준다.

콩

콩은 항암작용과 골다공증 예방에도 효과적이며 장 기능을 개선하고 배변을 원활하게 하는데 도움이 된다. 콩의 사포닌 성분은 콜레스테롤 걱정 없이 다이어트를 할 수 있도록 하고, 레시틴 성분은 뇌세포 활동에 관여하는 아세틸콜린 성분의 물질 원료가 되기 때문에 뇌 건강에 좋고 치매 예방에도 매우 효과가 있다. 콩의 질 좋은 식물성 단백질, 지방, 탄수화물, 식이섬유, 비타민, 무기질 등이 들어 있는 최고의 영양식품으로 밭에서 나는 고기라고 불리는 이유는 단백질의 양이 육류에 비해 모자람이 없고 농작물 중에서 단연 최고이기 때문이다. 특히 콩에 다량 함유되어 있는 아이소플라본은 골밀도를 높여주고 뼈의 파괴를 막아주고 칼슘 흡수가 잘 되어 골다공증 예방에 도움이 된다. 신선한 생 콩은 물론 발효된 낫또, 청국장, 된장, 두유 등 다양한 형태로 콩을 취향껏 자주 먹는 것이 건강에 도움이 된다.

감귤류

귤, 오렌지, 레몬, 라임, 자몽, 유자 등 새콤달콤한 감귤류는 말 그대로 천연종합비타민이다. 특히 오렌지와 레몬은, 과육은 물론 즙과 껍질까지도 요리에 활용된다. 껍질을 긁어 잘게 다진 향기로운 제스트는 샐러드 드레싱이나 해산물과 육류 비린내와 누린내를 잡기 위해 넣어 요긴하게 쓰인다. 입맛을 돋우는데 가장 확실한 효과를 주는 감귤류 속에는 사과, 배, 포도의 약 10배 이상의 비타민이 들어있다. 또한 비타민 A, P, E 등이 함유되어 말 그대로 비타민 덩어리. 여자의 피로회복과 기미를 예방하고 맑고 투명한 피부를 유지하는데 도움이 된다. 감귤류는 다른 과일과는 다르게 껍질의 약리효능도 뛰어나 한방에서도 많이 사용되고 말려서 차로도 끓여 마신다. 특히 유자와 같이 과육이 쓴맛이 강한 경우에는 유자청이나 마멀레이드로 쓰고 차로도 즐긴다. 감귤류 속 플라보노이드는 혈관에 침착되기 쉬운 콜레스테롤을 저하시키는 작용을 하고 항암, 노화방지 효과가 어떤 과일보다 뛰어나 특히 여자들에게 추천할 만한 슈퍼푸드로 꼽힌다.

해초

바다의 보약이라고 봐도 손색이 없는 해초류는 요오드, 철분, 칼륨, 칼슘 등의 무기질이 풍부하다. 특히 식이섬유는 풍부하고 칼로리는 적어 다이어트 효과가 뛰어나다. 조혈작용을 하는 요오드가 가장 많은 미역은 산후 출산모들에게 피를 맑게 하고 조혈작용 효력을 주어 산후조리 대표 식품이다. 단백질과 당질이 약간 포함되고 있긴 하지만 식물성 섬유질, 알긴산이 풍부하고

저칼로리로 장의 노폐물을 배출하고 각종 성인병과 비만을 막는 다이어트 식품으로 주목받고 있다. 각종 비타민과 무기질이 풍부한 알칼리성 식품으로 항암작용은 물론 고혈압과 동맥경화를 막아주며 빈혈을 막고, 갑상선 장애를 방지하고 여성 질환들을 예방하는 데 좋은 식품으로 꼽힌다.

녹색채소

신선한 제철 채소에는 다량의 식이섬유와 비타민, 무기질 등이 많아 꾸준히 적당량 섭취를 하면 암세포 성장을 억제하고 특히 녹색 채소는 항암, 항산화, DNA보호 등의 효과가 뚜렷하다. 요즘 제철 구분 없이 마트에서 쉽게 구할 수 있는 여러 쌈 채소를 비롯해 철마다 나오는 산야초 등은 대장암, 유방암, 전립선암 예방에 효과적이다. 녹색 채소에 다량 들어 있는 엽록소는 신진대사를 원활하게 하고 피로로 인해 몸에 쌓인 독소를 배출하는 디톡스 효과를 준다. 이로써 세포재생을 원활하게 하여 노화를 늦추어 주고, 양상추나 시금치 등은 뇌 건강을 유지하여 치매도 예방하는 효과를 지녔다. 짙푸른 녹색 채소인 케일, 근대, 아욱, 치커리, 쌈 채소 등과 같은 녹색 잎채소 속에는 비타민 K, 엽산, 루테인 등 특정 영양소가 풍부해 특히 뇌 건강을 유지하는 데에 도움이 된다. 특히 루테인이 많은 녹색채소는 눈의 건강에 도움이 되어 녹색채소를 주스나 즙으로 매일 하루 한 잔 이상 즐겨 마시는 사람들이 늘고 있다. 주스로 즐겨도 좋지만 향기와 식감을 그대로 즐길 수 있는 샐러드나 무침 등으로 즐기면 더욱 좋다.

사과

하루에 한 알이면 의사가 필요 없다고 할 만큼 사과는 건강에 유익한 알칼리성 슈퍼푸드이다. 저칼로리에 다량의 식이섬유가 혈관 청소를 하여 콜레스테롤 수치를 낮추고 동맥 경화 예방에 효과를 준다. 칼륨은 몸속의 염분을 배출시켜 고혈압 예방과 치료에 도움을 주고 수용성 식이섬유인 펙틴은 위액 점도를 높여 몸에 나쁜 콜레스테롤을 배출시켜 혈압상승을 억제한다. 피로 물질을 제거해주는 유기산과 피부미용에 좋은 비타민 C가 많아 노화를 늦춰준다. 안토시아닌이라는 항산화물질이 다량 포함되어 있어 몸속의 독소인 활성산소를 억제하고, 풍부한 펙틴은 장운동을 규칙적으로 만들어 주어 변비와 설사해소에 도움을 주어 특히 여자들의 미용에 좋은 최고의 과일이다.

감귤류
해초
녹색채소
사과

적양배추 오이 케일 비트 가지

적양배추

보라색 채소들에 많이 들어 있는 안토시아닌은 피를 맑게 해주고 활성화된 유해산소를 억제하는 항산화 작용으로 노화를 방지하고 항암 효과를 발휘한다. 위장을 보호하는 성분은 물론 장 기능을 강화해 대사증후군을 막아주고 다이어트에도 효과적이다. 비타민과 무기질이 풍부해 피부노화를 방지하고 소화를 촉진시키는 다양한 효능을 갖고 있다.

케일

케일은 칼슘과 철분이 풍부해서 폐경기 여성들과 성장기 학생들에게 특히 좋다. 칼슘이 부족하면 불안하고 초조한 증상이 나타나 불면증이 생기기 쉽다. 케일의 칼슘 함량은 우유의 3배, 비타민 C는 사과의 25배로 탁월한 효과가 있다고 한다. 또한 철분과 엽록소가 풍부해 조혈 작용에 도움이 되고 혈액 응고와 세포 재생 효과가 뛰어나다. 다양한 비타민과 미네랄, 아미노산, 지방, 단백질, 효소, 섬유질 등이 체질을 건강하게 개선하기 때문에 케일을 꾸준히 섭취하는 것이 좋다. 특히 케일 속의 항암물질로 알려진 카로티노이드는 베타카로틴으로 녹색채소 중 최고 함량으로 시금치보다 2배 이상이다. 몸속 유해 성분을 해독하는 디톡스 효과가 뛰어나 매일 충분히 섭취하기를 추천한다.

오이

칼륨 함량이 높은 알칼리성식품으로 산성식품을 중화하고 몸속의 나트륨을 배출하는 과정에서 수분이 적당히 빠져나가므로 부종을 가라앉히는 효과가 있다. 오이 속에는 초록색의 엽록소와 비타민 C가 풍부해 피부의 미백효과는 물광 피부를 만들어 준다. 피부의 열을 진정시키고 여드름과 종기 등을 방지하고 피부의 노화를 막아주는 콜라겐 성분도 풍부하다. 수분이 90% 이상으로 다이어트 식품으로 최적화된 채소로 칼로리는 거의 없고 수분과 비타민, 무기질이 풍부하다. 암세포가 생성되는 것을 막아주는 카로틴이 풍부해 항암효과는 물론 숙취해소와 면역력을 높여 주고 염분과 노폐물을 배출시키는 효과가 있다. 오이와 당근 또는 오이와 무를 같이 먹는 것은 음식궁합상 좋지 않다고 한다. 그 이유는 오이의 풍부한 비타민 C를 파괴하는 아스코르비나제 성분이 당근과 무에 들어있어 오이의 영양소를 대부분 파괴하기 때문이라고 한다.

비트

비트에는 비타민 A와 칼륨, 철분과 섬유질이 풍부하고 베타시아닌이 많이 함유되어 있다. 특히 고혈압과 비만에 효과적인 슈퍼푸드 비트는 즙으로 갈아서 먹거나 피클, 샐러드로 가볍게 즐길 수 있다. 감자나 고구마와 같이 뿌리채소로서 물에 깨끗하게 씻은 다음 그대로 삶거나 기름에 채로 볶아서 먹기도 한다. 반면 서양 요리에서는 오븐에 굽거나 쪄서 치즈나 고기와 함께 즐겨 단백질과의 궁합도 최고인 식품이다. 비트는 단단하면서도 잘랐을 때 선명한 자주 빛이 나는 것이 신선한 것이다. 비트의 뿌리는 물론 잎도 쌈 채소나 샐러드로 인기가 있으며 맛도 쌉쌀하면서도 아삭한 식감이 일품이다. 비트는 독특한 흙 맛이 나고 색이 잘 우러나서 무 쌈이나 피클 등에 활용하면 식감은 물론 색감도 고와 식욕을 돋우는 역할도 톡톡히 한다.

가지

가지는 특유의 안토시안계의 나스닌과 히아신이 풍부해 암 예방과 항산화 효과가 뛰어나 피부노화를 방지하는 데 그만이다. 가지에 들어 있는 알칼로이드 성분이 난소암 세포 증식을 억제한다. 특히 가지의 스펀지 같은 조직으로 기름에 볶으면 비타민 E를 효율적으로 섭취 할 수 있어 항산화 효과가 있다.

The best ingredients for women

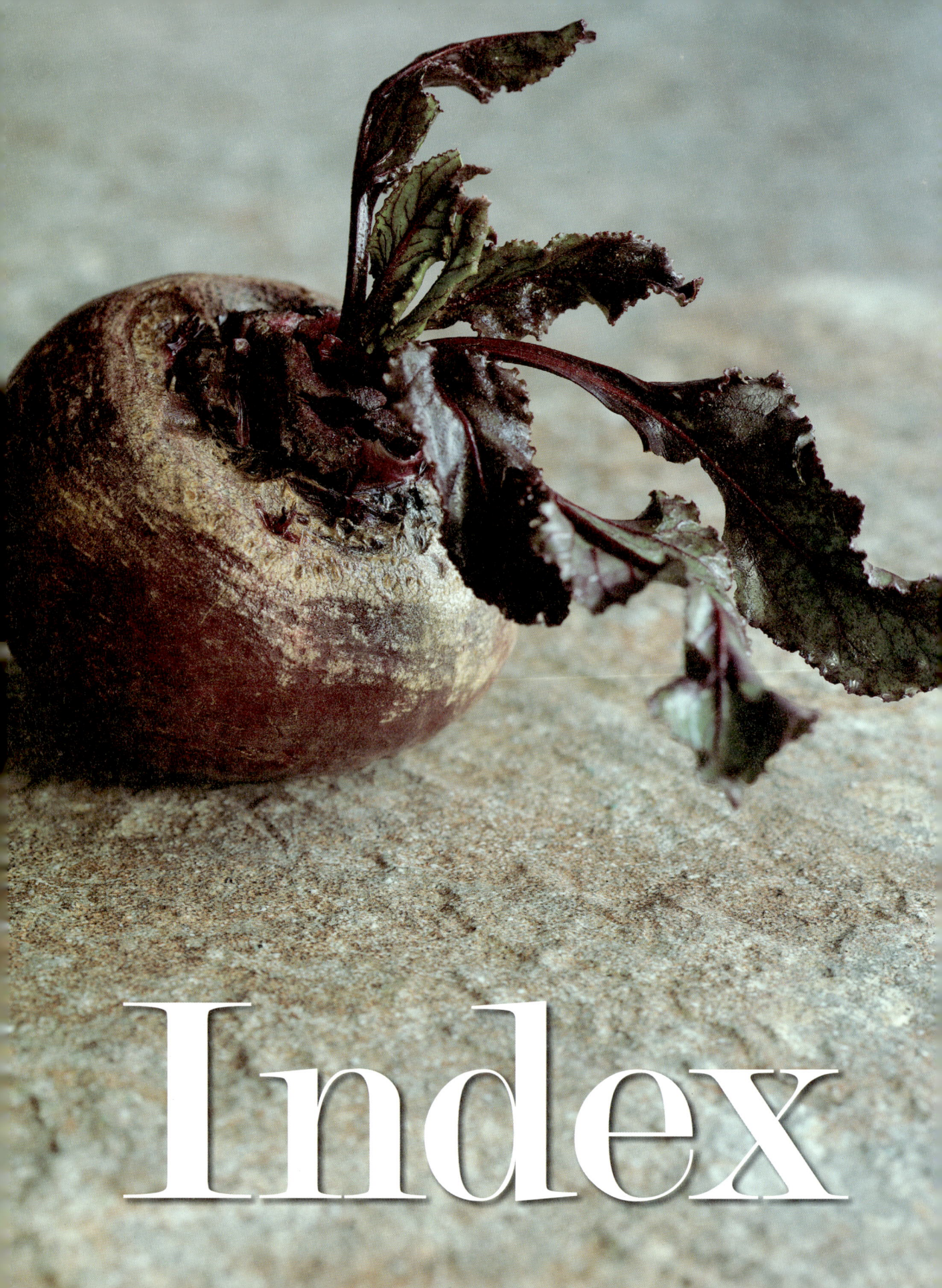

Index

ㄱ
가지 188
간장 드레싱 135
감귤류 186
건포도와 말린 크랜베리 20
과일과 열매 161
구운 채소 샐러드 72
굴 180
그릭 딜 요구르트 17
그린빈스 마 샐러드 44
그린빈스 샐러드 138
그린포크 샐러드 78
그릴 가지 퀴노아 샐러드 136

ㄴ
너트 샐러드 76
녹색채소 186

ㄷ
단호박 래디시 샐러드 148
달걀 184
달래 누들 샐러드 144
달래 파스타 샐러드 146
데리야키 드레싱 82
데리야키 장어 샐러드 46
데리야키 치킨 샐러드 82
두부스테이크 샐러드 126
두부튀김 샐러드 125

ㄹ
라디치오 렌틸 샐러드 128
라임 드레싱 40
래디시 연어 샐러드 112
레드와인 식초 드레싱 66
레몬마늘 드레싱 63
레몬마요네즈 드레싱 118
레몬머스터드 드레싱 56
레몬애플 드레싱 116
레몬타임 드레싱 136
렌치 갈릭 드레싱 153
리코타 브런치 샐러드 122
리코타 요구르트 드레싱 101
리코타 치즈 드레싱 32

ㅁ
마 178
마 샐러드 42
마늘 마요네즈 드레싱 64
마요네즈 드레싱 172
망고민트소스 17 19
머스터드 양파 드레싱 150
머스터드 유자 드레싱 38
메이플 시럽 드레싱 42
믹스 베리 오트밀 샐러드 98
민트 드레싱 28
민트 와인 드레싱 148

ㅂ
바질 드레싱 129
바질 살사 드레싱 59
바질 요구르트 23
발사믹 글레이즈 드레싱 132
발사믹 드레싱 141
발사믹 레몬 드레싱 52
발사믹 버터 드레싱 92
발사믹 비네거 드레싱 73
발사믹 아보카도 드레싱 123
발사믹 애플 드레싱 154
발사믹 양파 드레싱 125
방울토마토 샐러드 28
버섯 180
베리베리 샐러드 100
브로콜리 잡곡 샐러드 132
브로콜리 크랩 샐러드 116
블루치즈 드레싱 120
비네그레트 드레싱 168
비빔 채소 샐러드 38
비트 188
비트 딜 샐러드 94
비트 샬롯 샐러드 92
비트크림 요구르트 16 18 22

ㅅ
사과 186
새우 180
새우 냉 파스타 샐러드 60
새우 아보카도 샐러드 54
새우 칵테일 샐러드 58
새우 연어초밥 샐러드 114
새우 토마토 샐러드 50
샬롯 드레싱 74
석류 184
석류 드레싱 104
석류 베리 샐러드 96
석화 플레이트 66
세발나물 굴 샐러드 68
세발나물 연어 샐러드 110
셰리와인 드레싱 108
스위트 칠리 치킨 드레싱 81
시금치 콜리플라워 샐러드 24
시트러스 드레싱 138
식초 167

ㅇ
아몬드 21
아보카도 178
아보카도 고수 샐러드 40
아보카도 드레싱 55
아보카도 샐러드 34
아보카도 수란 샐러드 36
아보카도 페타치즈 크림 16 18
아스파라거스 176
아스파라거스 우렁 샐러드 70
애플 드레싱 26
애플 허니 드레싱 102
양배추 176
연근 178
연근 새우 샐러드 56
연근 콩 샐러드 134
오렌지 드레싱 35
오렌지 와인 드레싱 107
오리엔탈 드레싱 44
오이 188
오이스터 드레싱 48
오이토마토 샐러드 142
오일 167
옥수수 허브 샐러드 123
올리브 드레싱 31
와사비 간장 드레싱 115
와사비 드레싱 50
와사비 마요네즈 드레싱 70
유자 폰즈 드레싱 144
유자마요네즈 드레싱 77

ㅈ
자몽 허니 드레싱 96
잣 21
잣 크림 드레싱 146
장어소스 46
적양배추 188
적양배추 연근 샐러드 108

ㅊ
참깨 드레싱 46
채소와 곡물 161
치즈와 고기 162
치킨 그린 샐러드 153
치킨 양배추 샐러드 80
칠리 대하구이 샐러드 52

ㅋ
케이퍼 레몬 드레싱 112
케일 188
콜라비 감귤 샐러드 106
콜라비 샐러드 102
콜리플라워 176
콜리플라워 그린 샐러드 130
콜리플라워 당근 샐러드 26
콜리플라워 딥 샐러드 22
콩 184
퀴노아 버섯 샐러드 73
크랩 맛살 오이 샐러드 118
크림 드레싱 173
크림요구르트 드레싱 95

ㅌ
타르타르 드레싱 110
토마토 178
토마토 딸기 샐러드 30
토마토 리코타 치즈 샐러드 32
토마토 178
토핑 162
통밀 180
통밀 그린빈스 샐러드 140
통밀 마늘구이 샐러드 48
튀김 꽃게 샐러드 64
트로피컬 콜라비 샐러드 104

ㅍ
파르메산 드레싱 37
파인애플 머스터드 드레싱 73
페타 크림치즈 드레싱 123
프렌치 드레싱 126
피망 샐러드 150
피망 치킨 샐러드 154

ㅎ
핫 칠리 드레싱 69
해산물 샐러드 62
해시브라운 수란 샐러드 74
해초 186
햄프씨드 20
허니 레몬 드레싱 130
허브드레싱 142
허브와 향신료 163
호두 21
호박 184
호박씨 20
호박케이크 샐러드 120
홀그레인 머스터드 드레싱 25
홀그레인 머스터드
오이스터 드레싱 78
화이트 와인 드레싱 60

♂ 남자의 샐러드 ♀ 여자의 샐러드
His & Her Salad

초판 1쇄 2018년 3월 27일
발행 1쇄 2018년 4월 05일

지은이 정성숙

발행인 정지아
발행처 라임북스 LIMEBOOKS

기획·편집 라임북스 편집부
홍보·마케팅 권순민 김지우

디자인 NineArt Creative
사진 최해성 (BAY studio)
스타일링 제니스키친
타일협찬 정운도기타일(031-796-0533)

출력·제작 중앙아트그라픽스
인쇄 (주)예지컴

출판등록 2015년 2월 2일 제2015-000004호
주소 (04359)서울특별시 용산구 원효로 51 삼성테마트
전자우편 limebooks@daum.net
내용문의 02-985-1221(Fax 02-985-1221)
Copyright ⓒ 정성숙 2018
ISBN 979-11-954599-7-1 13590

이 도서의 국립중앙도서관 출판예정도서목록(CIP)은
서지정보유통지원시스템 홈페이지(http://seoji.nl.go.kr)와
국가자료공동목록시스템(http://www.nl.go.kr/kolisnet)에서
이용하실 수 있습니다. (CIP제어번호:CIP2018008951)

이 책은 라임북스가 저작권자와의 계약 및 저작권법에 의해 보호되고 있으므로
이 책에 실린 글과 사진은 무단전재와 무단복제를 금합니다.
이 책 내용의 일부를 이용하려면 라임북스의 서면 동의를 반드시 받아야 합니다.
※ 잘못된 책은 구입처에서 바꾸어 드립니다.
※ 책값은 뒤표지에 있습니다.